CW01573480

GWIRIONEDDAU'R GAIR

100 o Anerchiadau Ar Gyfer Plant ac Ieuenctid

Addasiad Cymraeg o
'100 Instant Children's Talks' (Sue Relf)
gan Linda Lockley

CYHOEDDIADAU'R
GAIR

Gwirioneddau'r Gair

ⓗ Cyhoeddiadau'r Gair, 1997

Testun Gwreiddiol: Sue Relf
Cyhoeddwyd yn wreiddiol gan Kingsway
o dan y teitl '100 Instant Children's Talks'.

Addasiad Cymraeg: Linda Lockley
Golygydd Cyffredinol: Aled Davies

ISBN 1 85994 015 3
Argraffwyd Yng Nghymru

Cedwir pob hawl. Ni chaniateir copïo unrhyw ran o'r deunydd hwn mewn unrhyw ffordd heb ganiatâd ymlaen llaw gan y cyhoeddwr.

Cyhoeddwyd gan:
Cyhoeddiadau'r Gair, Cyngor Ysgolion Sul Cymru,
Ysgol Addysg PCB, Ffordd Deiniol,
Bangor, Gwynedd. LL57 2UW.

GWIRIONEDDAU'R GAIR

CYNNWYS

CYFLWYNIAD

Cyn iddo gael ei gymryd i ffwrdd oddi wrth Ei ddisgyblion, bu'r Iesu'n gweddïo'n daer drostynt. Gofynnodd i'w Dad : 'Sancteiddia hwynt yn dy wirionedd', gan ychwanegu,' Dy air sydd wirionedd' (Ioan 17 : 17)
Credaf mai neges fywiol Duw i wŷr a gwragedd yw'r Beibl yn ei gyfanrwydd - a thrwy'r neges honno cânt eu sancteiddio.

Mae ar fechgyn a merched angen eu sancteiddio hefyd! Mae angen iddynt wybod gwir Air Duw, ac y mae defnyddio dulliau addas o'i gyflwyno yn hanfodol os ydynt yn mynd i'w 'glywed' mewn gwirionedd. Dyma lyfr ar gyfer pobl brysur sy'n dymuno dysgu gwirioneddau Gair Duw i blant.

Mae angen anerchiadau i blant sy'n addas ar gyfer sawl cyd-destun - gwasanaethau capel ac eglwysig, gwasanaethau teuluol, gwasanaethau mewn ysgolion, clybiau Beiblaidd, clybiau adeg gwyliau a chyfnod cenhadu, gweithgareddau rheolaidd ar gyfer plant ac yn y blaen. Rwy'n gobeithio bod syniadau oddi mewn i gloriau'r llyfr hwn y gellir eu haddasu ar gyfer pob un o'r amgylchiadau a nodwyd. Ni fwriadwyd i'r sgyrsiau hyn gael eu dilyn yn wasaidd; gellir eu haddasu, eu hymestyn, eu byrhau neu eu newid ym mha bynnag fodd sydd ei angen er mwyn eu gwneud yn addas ar gyfer oed a chefndir y plant yn ogystal â'r amgylchiadau ar y pryd.

Mae gan bregeth dri phennawd yn draddodiadol ; un yn unig sydd ei angen mewn anerchiad i blant! Rhaid i'r anerchiad fod yn syml gyda'i neges yn glir os yw am fod yn effeithiol. Rhoddir caniatâd i chi ddyblygu a chwyddo'r lluniau cartŵn a welir ar ddechrau pob sgwrs a'u gosod ar daflen dryloyw addas ar gyfer uwch-daflunydd, er mwyn atgyfnerthu'r neges os dymunir.

Cynhwysir cyfeiriadau Beiblaidd ar gyfer pob anerchiad. Gellir cynnwys rhain mewn sawl ffordd : pawb i'w darllen ar y cyd; dewis darllenwyr ymlaen llaw; gofyn rhag-blaen i rywun gyflwyno adnod neu ddarn o'r darlleniad yn eu geiriau eu hunain; gellid darllen yr un adnod ond o wahanol gyfieithiadau er mwyn iddi gael ei chlywed nifer o weithiau; gellid arddangos adnod ar yr uwch-daflunydd er mwyn iddi gael ei gweld yn ogystal â'i chlywed, a gellid cyfeirio ati'n hwyrach ymlaen; os yw'n adnod fer gellid ei hysgrifennu ar gardiau fflach mawr a'i chyflwyno fel gweithgaredd cwblhau jigsô yn ystod yr anerchiad.

Does dim yn y byd mewn gwirionedd yn 'instant' - chwedl yr hysbysebion (mae rhaid hyd yn oed ychwanegu llaeth at ' Angel Delight ' a'i gymysgu), ond lluniwyd y sgyrsiau hyn gan ddwyn i gof yr holl gynhwysion sydd eisoes ' yn y cwpwrdd '. Bydd angen yr eitemau canlynol arnoch - papur a phin ysgrifennu, dillad, neu eitemau cyffredin sydd o gwmpas y tŷ. Byddai uwch-daflunydd o fantais fawr, ond nid yw'n hanfodol o bell ffordd. Pob hwyl i chi gyda'r gwaith.

Sue Relf.

GWIRIONEDDAU'R GAIR

100 o Anerchiadau ar Gyfer Plant ac Ieuenctid

Addasiad o
'100 Instant Children's Talks' - Sue Relf
gan Linda Lockley

RHAN 1

Anerchiadau Cyffredinol

1. *Iaith y Ffurfafen*

Cyfeiriadau Beiblaidd: Salm 19: 1 - 4 ; Rhufeiniaid 1:20

Y Neges: Dylai pawb ddod i wybod am fawredd Duw, a hynny trwy wneud dim ond edrych ar y ffurfafen uwchben.

Cyfarpar angenrheidiol: Pedair 'swigen sgwrsio ' wedi eu torri allan o gardfwrdd : 'Mae Duw yn fawr','Mae Duw yn ogoneddus ', 'Mae Duw yn nerthol' ac 'Mae Duw yn rhyfeddol' wedi eu hysgrifennu arnynt.

Oes rhywun wedi clywed y ffurfafen yn siarad yn ddiweddar? Cerddwch at ffenestr, edrychwch allan a gosodwch eich llaw ar lun cwpan y tu ôl i'ch clust fel pe baech yn gwrando'n astud. Dywedwch wrth bawb eich bod yn gallu clywed y ffurfafen yn siarad yn eglur ac mewn llais uchel. All rhywun ddyfalu beth y mae'n ei ddweud?

Gofynnwch i rywun chwilio am a darllen Salm 19: 1 - 4

Dangoswch eich 'swigod sgwrsio' a galwch ar bedwar gwirfoddolwr i'w harddangos i'r gynulleidfa gan adrodd mewn llais clir beth y mae'r ffurfafen yn ei ddweud.

Bydd y neges bod Duw yn ogoneddus yn cael ei chyhoeddi o'r naill ben i'r byd i'r llall bob dydd o'r bron. Gall pawb trwy'r ddaear gron weld y ffurfafen yn ystod y dydd a'r nos, ac mae rhywbeth oddi mewn i bob person yn dweud wrtho bod Duw yno a'i fod Ef yn ogoneddus.

Pan fyddwn ni'n syllu ar y ffurfafen, fyddwn ni'n clywed ei neges? Byddwn, yn wir! Ail-adroddwch y brawddegau a ddewiswyd unwaith yn rhagor, gyda phawb yn ymuno y tro hwn.

2. *Sut Mae'r Ardd yn Dod yn ei Blaen?*

Cyfeiriadau Beiblaidd:	Marc 4:26 - 29 ; Philipiaid 1:6
Y Neges:	Fe fydd Teyrnas Dduw yn tyfu, doed a ddelo
Cyfarpar angenrheidiol:	Hambwrdd â'i llond o bridd a phecyn o hadau

Dangoswch yr hadau. Soniwch am eu maint a'u siâp. Beth sydd angen arnynt er mwyn iddynt dyfu? Wnân nhw ddim tyfu heb bridd, lleithder a golau. Ond, does gan y pethau hyn ynddyn nhw eu hunain mo'r nerth i beri i'r hadau dyfu. Maen nhw'n tyfu am bod Duw wedi rhoi nerth bywyd ynddyn nhw.

Edrychwch gyda'ch gilydd ar y ddameg a adroddodd yr Iesu

yn Marc 4. Dywedodd yr Iesu bod teyrnas Dduw yn union fel plannu'r hadau yma. Wyddom ni ddim sut mae'n digwydd, ond mae hedyn Duw yn ein calonnau yn tyfu a thyfu. Mae hedyn Duw yn y byd yn dal i dyfu a thyfu. Rhoddodd Duw nerth bywyd yn Ei deyrnas ac y mae hynny'n golygu ei bod yn sicr o dyfu.

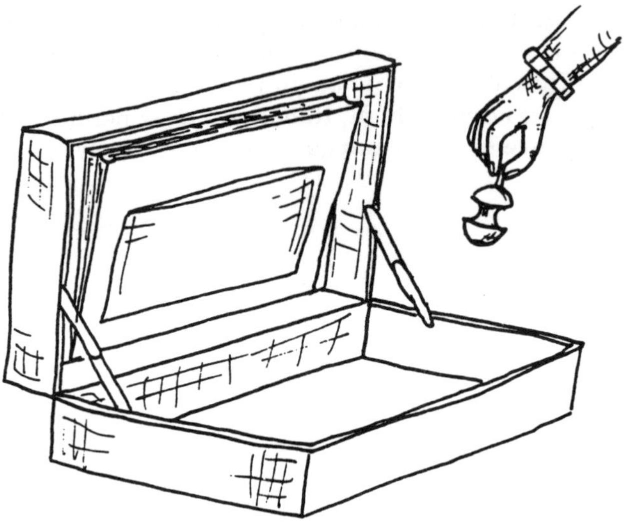

3. *Edrychwch Oddi Mewn.*

Cyfeiriadau Beiblaidd:	1 Samuel 16:7 ; Mathew 23:27
Y Neges:	Mae Duw yn poeni am galon person ac nid yw'n cymryd sylw o ymddangosiad neu safle cymdeithasol yr unigolyn.
Cyfarpar angenrheidiol:	Cynifer o frîffcesus lledr du, smart, swyddogol-yr-olwg ag y medrwch eu benthyg; oddi mewn i bob un gosodwch fag plastig clir ac ynddo rywbeth diflas megis tomato wedi'i gwasgu, hen frechdan neu fisgïen wedi torri; hen frîffcês hen-ffasiwn, brown ag ôl tipyn o wisgo arno ; gosodwch waled oddi mewn i'r cês hwn.

Siaradwch am frîffcesus swyddogion pwysig a'r ddelwedd sy'n cael ei chreu ganddynt, gan esgus eich bod chi wedi bod yn ysu ers amser am gael un i chi'ch hun. Cymharwch smartrwydd y cesus a fenthycwyd gennych a cherddwch o gwmpas gyda phob un yn ei dro, gan edrych yn bwysig iawn ac yn teimlo'n blês iawn â chi eich hun. Gwnewch hwyl am ben yr hen frîffcês.

Agorwch bob cês yn ei dro ac wrth i chi arddangos ei gynnwys, dangoswch mor ffiaidd yw. Codwch yr hen frîffcês hen-ffasiwn gan ddweud mae'n siŵr na allai peth mor garpiog â hwn gynnwys dim diddorol. Agorwch e a thynnwch y waled allan gan fynegi syndod mawr. Pwy f'asai'n meddwl? Rhywbeth hynod o werthfawr mewn hen gês bratiog fel hwn? Mae hynny'n profi felly, na fedrwch chi farnu neb na dim yn ôl ei ymddangosiad! Bydd pobl yn beirniadu eraill yn ôl nifer o wahanol ' ymddangosiadau ' - dillad, pryd a gwedd, beiciau, steil gwallt, ceir ac yn blaen.

Darllenwch neu adroddwch y stori yn 1 Samuel 16. Mae Duw yn gweld i mewn i feddwl person ac nid yw'n cael ei ddylanwadu na'i siomi gan ymddangosiad person ar y tu allan.

4. *Mae'r Ateb yn y Pridd*

Cyfeiriad Beiblaidd: Luc 8: 5 - 15

Y Neges: Cyflwr ein calonnau yn eu hagwedd tuag at Dduw yw'r hyn sy'n bwysig (dameg yr heuwr)

Cyfarpar angenrheidiol: Pedwar pot blodyn - un gyda phridd sych wedi'i wasgu i lawr yn dyn, un wedi ei lanw â cherrig gyda haenen denau o bridd drostynt, un gyda phlanhigyn ar wywo ynddo'n barod ac un wedi'i lanw â phridd maethlon, wedi'i baratoi'n dda; ychydig o hadau.

Adroddwch Ddameg yr Heuwr o Luc 8: 5 -15 gan ddangos y potiau, un ar y tro, er mwyn egluro i ble syrthiodd yr hadau.

Ail-adroddwch stori'r ddameg, gan gyfeirio at air Duw a'r

math o galonnau y mae pob pot yn eu cynrychioli.

Dyna bwysig yw hi i sicrhau o'r cychwyn cyntaf yn ein hoes, bod gennym galonnau sy'n ymateb ac yn gwrando, fel bod hedyn Gair Duw yn gallu tyfu ynom gan flaguro a dwyn torreth o ffrwyth!

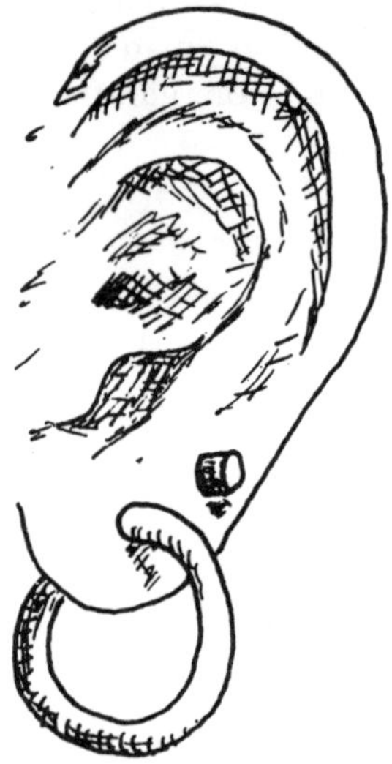

5. *Daliwch Ati i Wrando*

Cyfeiriadau Beiblaidd: Hebreaid 1: 1 - 2, 3 - 7: Salm19: 1 - 4

Y Neges: Rhaid i ni wrando pan fydd Duw yn siarad

Cyfarpar angenrheidiol: Recordydd tâp; darn byr o farddoniaeth i'w ddarllen

Soniwch am 'brofion gwrando'. Pwy sydd wedi cymryd rhan mewn un ohonyn nhw? Sawl gwahanol fath o brofion gwrando wyddoch chi amdanyn nhw? Esboniwch bod gennych chi brawf gwrando nawr ar gyfer pob un sy'n bresennol.

Chwaraewch dâp o ddarn cerddoriaeth - bydd rhyw 30 eiliad yn ddigon. Wedi iddo orffen, ewch ymlaen yn syth at y darn barddoniaeth a darllenwch y darn drwyddo.

Faint o'r gynulleidfa wnaeth wrando ar y gerddoriaeth i gyd heb golli'r gallu i ganolbwyntio a gadael i'w meddyliau grwydro o leiaf unwaith? Gofynnwch iddynt godi eu dwylo, gan ddweud wrthynt eich bod yn ffyddiog eu bod yn mynd i fod yn gwbl onest â chi.

Ewch ymlaen gan ofyn i'r rhai wrandawodd ar y darn barddoniaeth drwyddo i godi eu dwylo. Faint o bobl wrandawodd ar y gerddoriaeth a'r farddoniaeth i gyd? Pwy na wrandawodd ar y naill na'r llall drwyddo?

Mae Duw wedi rhoi inni 'glustiau ysbrydol'. Mae'r 'clustiau' yma y tu mewn i'n calonnau, ein meddyliau a'n cydwybod. Mae Duw yn dymuno siarad â ni, ac mae'n hynod bwysig ein bod yn gwrando'n ofalus gyda'n 'clustiau' mewnol ar agor.

Gofynnwch i'r plant gynnig enghreifftiau o'r math o bethau y gall Duw fod yn ei ddweud wrthym. Oes gan unrhyw un brofiad o Dduw yn siarad â nhw? Byddwch yn barod gydag enghraifft bersonol o hyn.

Yn anffodus, mae nifer o bobl wedi cau eu 'clustiau' i'r hyn sydd gan Dduw i'w ddweud a fyddan nhw fyth yn medru clywed Ei air. Dyna bwysig yw hi i ni wrando ar lais Duw !

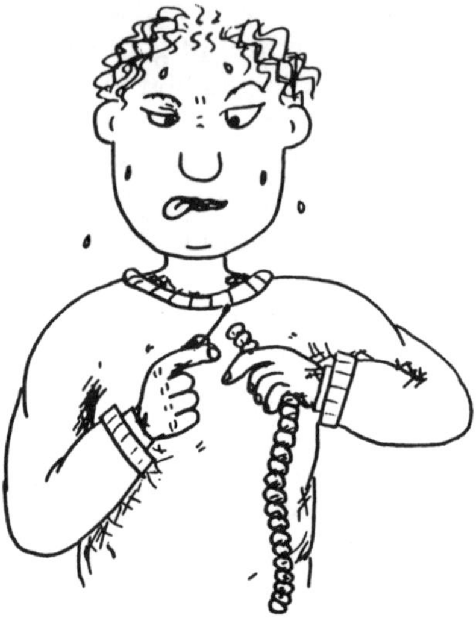

6. *Posib neu Amhosib*

Cyfeiriadau Beiblaidd : Luc 18: 24 - 30 ; Mathew 6: 24

Y Neges: Mae'n amhosib byw i Dduw a byw i arian.

Cyfarpar Angenrheidiol : Nodwydd; rhaff neu linyn trwchus

Dechreuwch trwy ofyn a oes gan unrhyw un yn y gynulleidfa lygad da ar gyfer dodi edau mewn nodwydd. Dewiswch wirfoddolyn cyn datgelu maint y dasg.

Gofynnwch a all rhywrai gofio ym mha gyd-destun y bu i'r Iesu sôn am osod edau mewn nodwydd. Cyfeiriwch at y stori yn Luc 18 lle roedd yr Iesu yn siarad am geisio cael camel i mewn i grau nodwydd ddur. (Dywedwch wrthyn nhw na lwyddoch chi i ddod o hyd i gamel, felly rhaid i raff wneud y tro !)

Pa gymhariaeth oedd yr Iesu yn ei thynnu? Trafodwch rhai o'r rhesymau pam y gall pobl gyfoethog ei chael hi'n anodd i gychwyn byw y bywyd Cristnogol. (Dywedodd yr Iesu, fodd bynnag, nad oedd hi'n amhosib.)

Anogwch yr ieuenctid i sylweddoli y gall bod yn berchen ar lawer o eiddo fod yn rhwystr mawr i'r sawl sy'n dymuno dod yn rhan o Deyrnas Dduw. Nid yw'n bosib i ddyn fyw i Dduw a byw i arian.

7. *Staen yw Staen*

Cyfeiriadau Beiblaidd : Rhufeiniad 3: 23; Luc 18: 9 - 14

Y Neges : Mae pob un ohonom yn bechaduriaid o ryw fath neu'i gilydd ag arnom angen maddeuant oherwydd ein pechodau

Cyfarpar angenrheidiol : Crys neu flowsen wen gyda staen inc glas (y mae modd ei olchi allan!) ar y blaen y gellir ei orchuddio'n naturiol gan fraich neu siwmper, ond staen sy'n ddigon eglur, serch hynny.

Cychwynnwch y drafodaeth trwy sôn am rywbeth dibwys, megis y tywydd, yna'n ddiarwybod ar ganol brawddeg, datgelwch y staen, fel pe na baech yn ymwybodol ei fod yno. Arhoswch a gofynnwch beth sydd o'i le. Pan gyfeiria rhywun at y staen, ceisiwch ymddwyn yn ddidaro gan ddweud nad yw o bwys mawr gan mai staen bychan yw ac wedi'r cwbl, mae gweddill y crys / flowsen yn berffaith lân.

Gofynnwch am farn y plant ar y mater.

Esboniwch sut y mae pechod yn difwyno ein bywydau i gyd, er ei fod yn ymddangos yn beth bach iawn i ni. Does dim pwynt ceisio ei guddio neu esgus nad yw yno. Mae Duw yn gallu gweld popeth - hyd yn oed y pechod lleiaf.

Adroddwch neu darllenwch stori'r Pharisead a'r casglwr trethi yn Luc 18: 10 -14.

Cyfaddef bod gennym natur bechadurus gan ofyn am faddeuant yw'r unig ffordd y gallwn ni fod yn dderbyniol gerbron Duw.

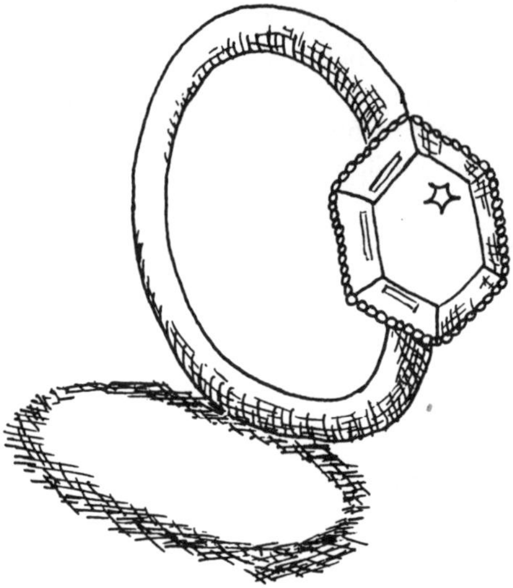

8. *Ar Goll neu'n Gadwedig?*

Cyfeiriad Beiblaidd :	Luc 15 :1 -10
Y Neges :	Mae Duw yn caru gweld pobl yn troi ato mewn edifeirwch
Cyfarpar Angenrheidiol :	Rhywbeth bychan, gwerthfawr megis eich modrwy briodas, neu efelychiad, sydd wedi ei guddio gennych mewn man arbennig ymlaen llaw

Dechreuwch trwy esgus eich bod yn drist iawn oherwydd eich bod wedi colli eich modrwy. Lluniwch stori gredadwy yn sôn am sut y bu i chi ei cholli ac anfonwch y plant i chwilio am y trysor coll. Ewch gyda nhw ar yr helfa. Efallai y bydd rhaid i chi gynnig ambell gliw iddynt ynglŷn â'r lle y mae'n bosib y 'gollyngwyd ' y fodrwy.

Cymerwch arnoch ddangos rhyddhad mawr gan ddweud eich

bod yn dra diolchgar pan gaiff eich trysor ei ddarganfod. Soniwch am sut y bu i'r Iesu adrodd dwy stori debyg iawn 2,000 o flynyddoedd yn ôl.

Gofynnwch am wirfoddolwr i ddarllen y stori am y ddafad golledig yn Luc 15, ac un arall i ddarllen Dameg y darn arian. A oedd yr Iesu yn sôn am ddefaid a darnau arian mewn gwirionedd? Roedd yn siarad am bobl fel chi a fi !

Mae'r storiau yma yn dweud wrthym gymaint y mae Duw yn ein caru ac yn rhoi gwerth arnom fel unigolion. Nid unrhyw ddarn arian neu ddafad a gollwyd, ond rhai arbennig. Dywedodd yr Iesu, pan fyddwn yn troi oddi wrth ein hen ffordd o fyw ac yn Ei ddilyn Ef, bod yr angylion yn y Nefoedd yn gorfoleddu trosom ! Pwy bynnag sydd yma heddiw sydd wedi edifarhau, - pan gychwynnodd e neu hi ar ei fywyd newydd yng Nghrist, roedd yna orfoleddu yn y Nefoedd ! Dychmygwch y fath ddathliad yn y Nefoedd yn arbennig ar eich cyfer chi neu fi !

9. *Peidiwch Mentro'ch Crys Arno !*

Cyfeiriadau Beiblaidd :	Eseia 64 : 6; Luc 10 : 27 - 28; Rhufeiniaid 3 : 22 - 23
Y Neges :	Nid yw Duw yn fy nerbyn oherwydd fy ngweithredoedd da. Rhaid i fi dderbyn Ei faddeuant
Cyfarpar Angenrheidiol :	Hen grys y gellir ei daflu wedyn, ag arno farciau budr a thyllau neu rwygiadau hyd yn oed.

Cymerwch arnoch eich bod wedi bod yn ceisio'ch gorau yr wythnos hon i fod yn berson hynod o dda. Dywedwch eich bod wedi ymdrechu'n galed i wneud hyn, gan sôn am un neu ddau o bethau a wnaethoch - megis golchi'r llestri unwaith, rhoi 50 ceiniog mewn blwch casglu neu weithred fechan, dda, debyg. Parhewch â'ch stori gan esgus eich bod yn mynd i gael crys newydd yn wobr am fod yn berson mor dda.

Trefnwch ymlaen llaw bod rhywun yn dod â'r crys i chi mewn

bag siopa plastig ar yr adeg yma. Tynnwch y crys allan o'r bag gan ddangos cryn gyffro ar ôl disgwyl cyhyd amdano. Gwisgwch e dros ben eich dillad arall.

Dyna siom ! Ai dyma'ch gwobr am eich holl weithredoedd da ? Mae'n rhaid bod yna gamgymeriad wedi digwydd ...... neu a oes yna ? Gofynnwch am wirfoddolwr i ddarllen Eseia 64 : 6.

Yng ngolwg Duw mae ein gweithredodd da fel ' clytiau budron '. Fedrwn ni fyth fod yn ddigon da. Mae Ef am inni ufuddhau i ddau o'i orchmynion. Darllenwch Luc 10 : 27 - 28. Yn gyntaf, mae Ef am inni fyw mewn perthynas berffaith gydag Ef, ac yn ail, mae Ef am inni fyw mewn perthynas berffaith gyda phawb arall. Efallai'n wir bod fy ngweithredoedd da i fel 'clytiau budron' wedi'r cwbl. Dydyn nhw ddim yn dod yn agos o gwbl at gadw'r ddau orchymyn hwn.

Wrth i chi dynnu'ch crys, esboniwch, tra bod 'gweithredoedd da' yn arbennig ynddyn nhw eu hunain, yr unig ffordd inni gael ein derbyn gan Dduw yw trwy gredu yn yr Arglwydd Iesu Grist a derbyn maddeuant llwyr ganddo.

10. Newid Llwyr

Cyfeiriad Beiblaidd : 2 Corinthiaid 5 : 17

Y Neges : Mae' r rhai sy'n rhoi eu ffydd yn yr Arglwydd Iesu yn dechrau bywyd newydd sbon

Cyfarpar Angenrheidiol : Set gyflawn o ddillad sbâr

Bydd angen i chi wisgo'ch hun ymlaen llaw mewn dau set o ddillad. Gwisgwch rywbeth sy'n wahanol iawn i'ch dull arferol o wisgo, yna rhowch eich dillad arferol dros y cyfan. Ni ddylai'r dillad isaf fod yn weladwy. Gellid defnyddio het, sbectol haul, mwgwd helm, menyg a phâr arall o esgidiau i gwblhau'r newid delwedd.

Dechreuwch yr anerchiad drwy gymryd arnoch eich bod wedi diflasu ar eich bywyd. Soniwch amdanoch eich hunan fel pe baech yn isel eich ysbryd, gan bwysleisio gwendidau eich cymeriad neu sôn am amgylchiadau trist.

Yna'n sydyn, fel pe baech newydd gael syniad, cyhoeddwch

eich bod wedi penderfynu newid. Rydych yn mynd i fod yn berson hollol wahanol. Dechreuwch ddatod eich crys gan dynnu'r set 'uchaf' o ddillad oddi amdanoch. Cwblhewch y newid delwedd. Beth yw barn pawb am y chi newydd ?

A yw hyn yn newid llwyr, felly ? Does dim - ond eich dillad - wedi newid mewn gwirionedd. Rydych yn dal yr un person ag o'r blaen.

Dywed y Beibl rywbeth gwirioneddol ryfeddol wrthym yn 2 Corinthiaid 5 : 17. Os ydym yng Nghrist, yna rydym yn greadigaeth newydd ! Cawn ein trawsffurfio oddi mewn gan Iesu Grist pan gyflwynwn ein bywydau iddo Ef. Yr Arglwydd Iesu sy'n achosi'r newid llwyr ynom ac mae'r newid hwnnw yn para am byth !

11. Popeth Ar Eich Cyfer

Cyfeiriadau Beiblaidd :	Marc 8 : 34; Mathew 13 : 44 - 45
Y Neges :	Mae dilyn Iesu Grist bob amser yn llawer pwysicach na chanolbwyntio ar fy anghenion a'm diddordebau personol.
Cyfarpar Angenrheidiol :	Câs teithio bychan; cot a sgarff ; pwrs, waled neu lyfr siec; caset neu gryno ddisg o gerddoriaeth boblogaidd; llun y teulu; sgarff cefnogwr tîm peldroed neu ddilledyn tebyg.

Cyhoeddwch eich bod ar gychwyn ar siwrnai fwyaf anturus eich bywyd. All unrhywun ddyfalu i ble rydych chi'n mynd ? Na, nid i 'Disneyworld' , 'Disneyland' nac 'Eurodisney' - i rywle llawer mwy cyffrous: i'r Nefoedd ! Dywedwch wrth eich cynulleidfa ifanc eich bod wedi codi'ch tocyn a'ch bod ar fin cofrestru yn y maes awyr.

Gadewch i'r plant eich gwylio wrth i chi bacio'ch câs teithio. Rhowch sylwebaeth ar bob eitem y byddwch yn ei ddodi i mewn, gan roi rhesymau pam bod pob un peth mor bwysig a pham eich bod yn ei gynnwys yn y câs. (Gallwch gynnwys unrhyw eitemau eraill sy'n addas i'ch sefyllfa.)

Pan fyddwch yn barod, caewch y câs gan bwysleisio eich bod wedi derbyn neges oedd yn dweud nad oes hawl gennych i ddod â dim gyda chi, gan bod popeth fydd ei angen arnoch yn cael ei ddarparu ar eich cyfer. Eto gyd, rydych yn teimlo'n ddigon ffyddiog y bydd un câs bach yn dderbyniol. Gwisgwch eich cot a'ch sgarff a cherddwch draw at fwrdd cyfagos, gan gymryd arnoch eich bod yn cofrestru gyda rhyw swyddog anweladwy. Trowch at y plant gyda golwg frawychus ar eich wyneb. Dywedwyd wrthych na chewch fynd trwodd os na fyddwch yn gadael y câs ar ôl.
Sut yn y byd y byddwch chi'n gallu ymdopi heb eich hoff gerddoriaeth ? Fedrwch chi'n wir adael eich arian ar ôl ?
Codwch y câs sawl gwaith fel pe baech yn gofidio'n arw am y penderfyniad.

O'r diwedd, gosodwch y câs i lawr ar frys, gan gerdded ymlaen, gan wneud sylwadau fel : 'Sedd wrth ymyl y ffenest ? Dyna fendigedig ! Iesu Grist ei hun yn eistedd drws nesa' i fi ? Mae hyn yn ffantastig ! Meddyliwch gall'swn i fod wedi colli hyn i gyd !'

12. *Does 'na Ddim i'w Ofni*

Cyfeiriadau Beiblaidd : Salm 49 ; Ioan 11 : 25

Y Neges : Bydd pawb yn marw; Iesu Grist yw'r unig ffordd i goncro marwolaeth

Cyfarpar Angenrheidiol : Rhestr marwolaethau o'r papur newydd

Darllenwch gofnod am farwolaeth rhyw unigolyn yn araf a phwyllog. Codwch eich llygaid a dywedwch wrth y plant beth yw dyddiad y papur newydd rydych yn darllen ohono. Gwnewch sylwadau megis: "Sgwn i beth wnaeth e yn ystod ei fywyd ,' neu 'Tybed pa mor gyfoethog oedd e.' Ewch ymlaen i ddarllen un neu ddau adroddiad arall, gan wneud sylwadau eraill am oed y person a fu farw, neu bwysleisio eitemau a nodwyd yn y papur newydd. Bydd cofnodion am farwolaethau, tebyg i'r rhain, yn ymddangos yn y papurau newydd yn ddyddiol.

Sut mae hyn yn gwneud i chi deimlo ? Bydd pob un ohonom yn marw rhyw ddiwrnod, yn union fel y bobl hyn.

Efallai na fyddwn ni farw am amser hir eto, ond fe ddaw ein tro ninnau ! Darllenwch rai adnodau o Salm 49 os dymunwch.

Ond, does dim rhaid inni ofni, mae'r Iesu wedi concro marwolaeth ! I'r rhai sy'n credu ynddo Ef, bydd marwolaeth fel drws sy'n arwain i fywyd tragwyddol ! Darllenwch Ioan 11 : 25

13. Y Gwyliau Gorau 'Rioed !

Cyfeiriadau Beiblaidd : Datguddiad 4 ; 7 : 9 - 17 ; 21 : 1 - 4 ; Ioan 14: 2 - 3

Y Neges : Mae'r Nefoedd yn lle godidog

Cyfarpar angenrheidiol : Llyfrynnau gwyliau tramor

Cychwynnwch drafodaeth ar y testun 'teithio a gwyliau tramor'. Codwch un o'ch llyfrynnau a disgrifiwch mor wych yr ymddengys rhyw le arbennig, gyda milltiroedd o draethau euraid wrth law, ac yn y blaen.

Ewch ymlaen i ddweud bod y llyfrynnau yn dweud digon i godi blys arnom am gael mynd i ymweld â'r lle sy'n cael ei ddisgrifio. (Weithiau bydd pobl yn darganfod eu bod wedi eu harwain ar gyfeiliorn !)

Mae rhannau o'r Beibl fel llyfryn teithio. Cawn gipolwg yma ac acw ar sut le yw'r Nefoedd. Gallwn fod yn ffyddiog bod y Beibl yn dweud y GWIR wrthym. Mae'n gwneud i siwrnai o gwmpas y byd swnio'n ddiflas iawn.

Darllenwch amrywiaeth o adnodau o blith y cyfeiriadau Beiblaidd a nodwyd er mwyn rhoi i'r gwrandawyr flas o odidowgrwydd y Nefoedd.

RHAN 2

Duw Y Tad

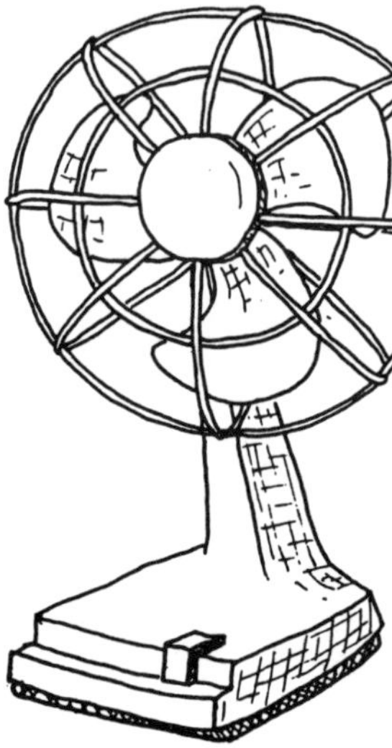

14. Mae Duw yn Anweledig

Cyfeiriadau Beiblaidd : 1 Timotheus 1 : 17 ; Rhufeiniaid 1 : 20

Y Neges: Nid yw Duw yn weladwy, ond mae'n real

Cyfarpar angenrheidiol : Megin neu wyntyll

Cychwynnwch trwy sôn am aer. Beth yw e? Ble mae e? Pam bod angen aer arnom ni? Pa synhwyrau sy'n cael eu deffro gan yr aer o'n cwmpas?

Does dim rhaid inni weld aer i sylweddoli ei fod yno. Mae'n anweledig, ond nid yw hynny'n golygu nad yw'n bod. Er na fedrwn weld aer, gallwn weld ei effeithiau. Gwyddom ein bod yn ei anadlu -

i mewn ac allan. O osod llaw ar eich bron gellir teimlo'r ysgyfaint yn codi a gostwng yn raddol. Ond am ran helaeth yr amser nid ydym yn ymwybodol o gwbl o'r aer o'n cwmpas ac fe fyddwn yn anadlu'n naturiol, heb feddwl dim am y weithred.

Gan ddefnyddio'r fegin neu'r wyntyll gadewch i'r plant deimlo chwa'r awel ar eu hwynebau. Byddant yn ymwybodol iawn nawr o'r aer o'u cwmpas.

Pan fydd yr aer yn dawel a llonydd ni fyddwn yn amau a yw yno ai peidio. Cawn ambell ddiwrnod gwyntog o bryd i'w gilydd ac fe fydd pawb yn ymwybodol o'r aer sy'n chwythu'n rymus. Weithiau bydd Duw yn ymddangos fel pe bai'n 'llonydd' iawn a ninnau'n gweld dim yn digwydd. Bryd hynny, efallai, byddwn yn amau a yw'n real ai peidio.
OND, mae Duw yn dal yno. Fe fydd Ef yno AM BYTH. Ac weithiau bydd Duw yn gwneud pethau dramatig iawn ac fe fyddwn ninnau'n gweld eu heffaith yn glir iawn.

Beth yw rhai o ganlyniadau gweithredoedd Duw ?

15. *Yn Dri ac Un*

Cyfeiriad Beiblaidd :	Ioan 14: 8 - 20
Y Neges:	Mae Duw yn Un, ac eto'n Dri ar yr un pryd
Cyfarpar Angenrheidiol:	Fflasg 'Thermos' ac ynddi ddarn o iâ; tegell trydan ac ynddo ddigon o ddŵr i orchuddio'r gwresogydd oddi mewn; cêbl ymestyn cryf; cwpan

Soniwch yn gyffredinol am ddŵr. (Edrychwch mewn gwyddoniadur am ffeithiau gwyddonol / daearyddol os dymunwch.) Tynnwch yr iâ o'r thermos a'i gynhesu yn y tegell nes y daw ager o'r big.

Arllwyswch ychydig ddŵr i'r cwpan. Tynnwch allan yr hyn sy'n weddill o'r iâ yn ofalus. Mae'r tri pheth yma -
yr ager, y dŵr a'r iâ - yr un o ran sylwedd ond eto maent yn wahanol iawn i'w gilydd.

Dysgwn yn y Beibl bod Duw ei hun yn bod mewn tri pherson gwahanol. Mae hyn yn anodd ei ddychmygu
a'i ddeall efallai, ond Ef yw Duw y Tad, Duw y Mab a Duw yr Ysbryd Glân. Mae pob un ohonynt yn arbennig ac yn unigol, ond Duw yw pob un ohonynt.

Efallai y gallwn feddwl am Dduw fel y dŵr, yr iâ a'r ager?
Mae Duw yn Un, ac eto yn Dri ar yr un pryd.

16. *Mega Duw - a Meicro Fi*

Cyfeiriad Beiblaidd : Mathew 10:29

Y Neges: Mae Duw yn anfeidrol fawr a nerthol

Cyfarpar Angenrheidiol: Balŵn crwn a physen sych

Gofynnwch i wirfoddolwr chwythu a chlymu'r balŵn. (Gwnewch yn siŵr bod gennych un arall wrth law rhag ofn!)
Daliwch y balŵn yn un llaw a'r bysen yn y llall a gofynnwch i'r plant gymharu eu maint nhw eu hunain gyda maint yr ystafell rydych ynddi ar y pryd, gan ddefnyddio maint cyfatebol y balŵn a'r bysen yn llinyn mesur. Mae pob unigolyn yn debyg i'r bysen, ac mae'r ystafell yn cyfateb i'r balŵn . Ond os ewch ati wedyn i gymharu'r ystafell gyda'r dref neu'r ardal o'ch cwmpas, yna mae'r ystafell yn newid i fod yn faint y bysen.

Parhewch yn y dull hwn, gan ofyn i'r plant gymharu maint y dref lle rydych yn byw ynddi â'r sir, yna'r sir â Chymru, yna Cymru â'r Deyrnas Unedig, yna'r Deyrnas Unedig â'r byd, yna'r byd â'r haul, yna'r haul â chysawd yr haul ('solar system'), yna cysawd yr haul â'r Llwybr Llaethog, ac yn olaf y Llwybr Llaethog â'r bydysawd.

Wrth i chi weithio'ch ffordd drwy'r ystod maint, atgoffwch y gwrandawyr, bob yn hyn a hyn, o ble y dechreusoch - gyda maint pob unigolyn o'i gymharu â maint yr ystafell.

I orffen, cymharwch y bydysawd gyda Duw y Creawdwr. Mae'r bydysawd fel y bysen a Duw fel y balŵn. Mor fawr yw Duw ac mor fach ydw i ! Eto, er fy mod cyn lleied â smotyn bychan, mae Ef yn fy ngharu ac yn gofalu amdanaf.
Os ewch ati i gymharu eich maint â maint aderyn y to, p'un sydd fel y balŵn a ph'un sydd fel y bysen?
Mae Mathew 10 : adnod 29 yn dweud wrthym ei fod Ef yn sylwi pan fydd hyd yn oed aderyn y to yn syrthio i'r llawr.
Mor fawr yw Ei ofal amdanom !

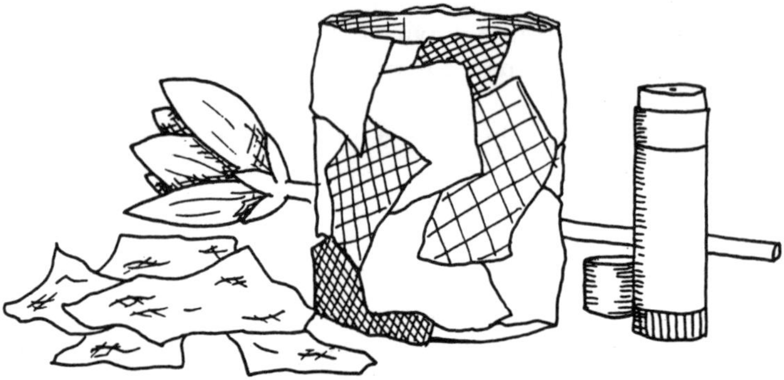

17. *Mae Duw yn Athrylith*

Cyfeiriadau Beiblaidd:	Genesis 1 : 1; Salm 104 : 24
Y Neges:	Creodd Duw y byd gyda medrusrwydd a gallu rhyfeddol
Cyfarpar Angenrheidiol:	Y chwe modfedd sy'n waelod o botel wag fu'n dal hylif golchi llestri; glud; papur sidan lliw; papur newydd fel gorchudd ; ychydig flodau i'w gosod yn y llestr blodau ar ôl ei gwblhau.

Dangoswch hanner waelod y botel blastig, y papur sidan a'r glud, a gofynnwch sawl eitem sydd yma. Rydych wedi meddwl am un peth y gellid ei wneud o ddefnyddio'r tri pheth hyn : llestr dal blodau. Gofynnwch am un neu ddau wirfoddolwr i ddod ymlaen i lunio'r llestr trwy rwygo'r papur sidan yn ddarnau mân a'u gludo hwnt ac yma o amgylch y botel.

Tra bo hyn yn digwydd, ewch yn eich blaen i ddisgrifio sut yr aeth Duw ati i greu nid dim ond un peth, ond y bydysawd cyfan, gan ddefnyddio tri pheth yn unig. Fe gynlluniodd ac fe wnaeth Duw dri o flociau adeiladu bitw bach, a thrwy eu gosod at ei gilydd mewn niferoedd rhyfeddol, gyda'i allu a'i nerth digymar, fe luniodd bopeth y gallwn ni ei weld. Sut y gall hynny fod?

Mae'n berffaith wir. Dyma enwau'r tri bloc adeiladu : protonau, niwtronau ac electronau. Mae pob atom o bob sylwedd yn cynnwys yr union dri yma mewn gwahanol gyfuniadau. Mae Atomau ar eu pennau eu hunain mor fychan fel y buasai miliwn ohonynt mewn un llinell hir yn mesur - ie, UN centimetr, felly fedrwch chi ddychmygu pa mor fitw bach yw protonau, niwtronau ac electronau!

Pwyntiwch at nifer o wahanol wrthrychau a gofynnwch o beth maent wedi eu gwneud. Protonau, niwtronau ac electronau. Dim arall.

Ydy'r gwirfoddolwyr wedi cwblhau'r llestr dal blodau? Gosodwch y blodau yn y llestr. Triliynau o brotonau, niwtronau ac electronau yn unig yw'r blodau hardd yma ! Mae Duw yn Athrylith - ydy'n wir !

18. *Fe'u geilw'n uc ac un*

Cyfeiriadau Beiblaidd : Salm 147 : 4 - 5 ; Eseia 40 : 26

Y Neges: Mae Duw'n anrhaethol fwy nag y gallwn ni ei ddychmygu

Cyfarpar Angenrheidiol : Dim

Gofynnwch a oes unrhywun yn gwybod pa seren sydd agosaf at y ddaear. Yr haul, wrth gwrs, yw'r ateb cywir.
Nesaf, gofynnwch i ba alaeth (galaxy) y perthyn yr haul (a ninnau ar y ddaear.) Yr ateb yw - 'Y Llwybr Llaethog ' (The Milky Way ') Oes rhywun yn gwybod sawl seren sydd yn y Llwybr Llaethog? Tua chan mil o filiynau yw'r ateb. Anhygoel yn wir !

Un o blith nifer fawr o alaethau yw'r Llwybr Llaethog, wrth gwrs Gyda chymorth y telescôp mwyaf pwerus mae'n bosib gweld sawl mil o filiynau o alaethau yn ymestyn allan i bob cyfeiriad. Maent yn ymestyn y tu hwnt i allu eithaf y telescôp gorau, tu hwnt i allu'r goleuni i deithio o'r alaeth honno i'r ddaear, felly does neb a ŵyr ble mae eu pen draw. Mae yna sawl mil o filiynau o alaethau a miliynau o sêr gan bob un ohonynt, a miliynau eraill efallai na fedrwn eu gweld !

Beth a ddywed Salm 147 : 4 - 5 ? Fedrwch chi gredu'r peth? Mae Duw wedi pennu nifer y sêr ac yn galw pob un seren wrth ei henw !

Darllenwch adnod 5 gyda'ch gilydd mewn cyd-addoliad.

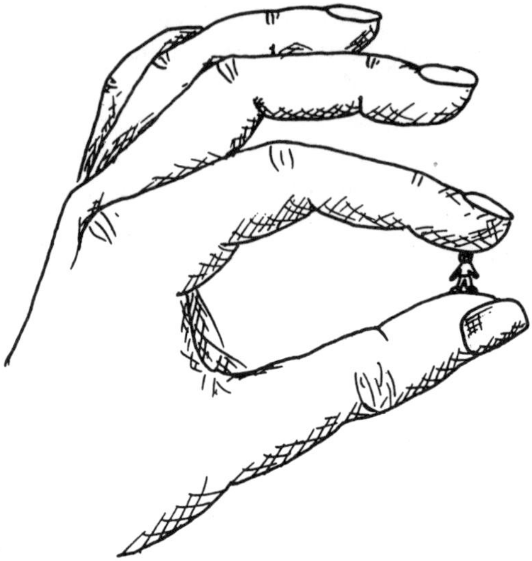

19. *Duw'n unig ŵyr*

Cyfeiriadau Beiblaidd : Salm 139

Y Neges : Mae Duw wedi ein hadnabod ers ein cenhedlu; mae'n gwybod ein meddyliau, ein geiriau a'n gweithredoedd

Cyfarpar Angenrheidiol : Gronyn o reis

Cydiwch yn y gronyn reis rhwng eich bys a'ch bawd gan ei ddangos i'r gynulleidfa. Oes rhywun yn gwybod beth yw ?

Rhyw dair wythnos ar ôl ein cenhedlu, roedd pob un ohonom tua'r un maint â'r gronyn hwn o reis. Doedd hi ddim yn bosib i neb wybod dim amdanom.

Trowch i Salm 139 : 15 . Dyna ryfeddol yw Duw ! Fe wyddai bopeth amdanaf pan oeddwn i'r maint bitw bach yma!

Mae'r Salm yn dweud wrthym bod Duw yn ein hadnabod mor dda ac yn gwybod POPETH amdanom. Mae'n gwybod ein meddyliau , ein geiriau a'n gweithredoedd (adnodau 7 - 12).

Does dim pwynt ceisio cuddio ein hunain na'n teimladau oddi wrth Dduw gan fynd ati i gadw cyfrinachau. Yr unig beth i'w wneud yw dilyn esiampl y Salmydd a gwahodd Duw i gael cip olwg go fanwl !

Darllenwch y Salm ar ei hyd gyda'ch gilydd.

20. *Dyna i chi Gof !*

Cyfeiriadau Beiblaidd : Luc 12 : 6

Y Neges : Mae Duw yn adnabod pob person yn y byd ac yn ei alw wrth ei enw

Cyfarpar Angenrheidiol: Ugain gwrthrych cyffredin; hambwrdd neu uwch-daflunydd

Arddangoswch y gwrthrychau ar hambwrdd neu dangoswch eu cysgod ar yr uwch-daflunydd am un funud.
Yna gorchuddiwch nhw a cheisiwch gael y plant i gofio pa wrthrychau a welsant. Defnyddiwch bapur a phensil gyda disgyblion hŷn. Gall disgyblion iau alw allan enwau'r hyn a welsant. Gwnewch yn siŵr bod gennych chi restr bersonol o'r eitemau er mwyn i chi fedru cadw cofnod ohonynt wrth iddyn nhw gael eu henwi.

Soniwch am y cof a pha mor anodd y gall hi fod i geisio cofio'r holl eitemau.

Ydy'r plant yn gwybod bod dros bum mil o filiynau o bobl yn y byd heddiw? Ac mae Duw yn adnabod pob un ohonyn nhw ac yn medru galw pawb wrth ei enw ! Mae Ef hyd yn oed yn gwybod am yr hyn sydd yng nghalon pob un ohonom ! Fydd Ef fyth yn anghofio unrhyw un ! Dyna i chi gof sydd gan Dduw. Mor fawr a rhyfeddol yw Ein Tad !

Mae Luc 12 : 6 yn mynd ymhellach . Mae Duw yn adnabod pob aderyn y to hyd yn oed!

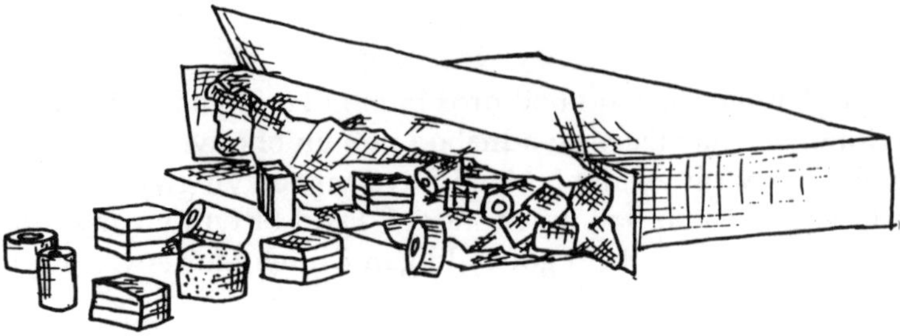

21. *Cymysgedd o bob Lliw a Llun - ond Dim Ffefrynnau*

Cyfeiriad Beiblaidd : Actau 10 : 34

Y Neges : Does gan Dduw ddim Ffefrynnau

Cyfarpar Angenrheidiol : Bocs o 'Liquorice Allsorts' neu amrywiaeth arall o felysion

Cyhoeddwch eich bod yn bwriadu cychwyn eich sgwrs trwy roi trêt i bawb. Ewch â'r bocs melysion o gwmpas gan gynnig un i bob plentyn yn ei dro.

Wedi i chi orffen rhannu, dywedwch wrth bawb mor ffwdanus a thrafferthus oedd rhai o'r plant wrth geisio dewis eu hoff losin - oherwydd blas neu liw arbennig, ac yn y blaen.

Yn anffodus, nid yn unigyn wrth ddewis losin neu dda-da y byddwn ni'n ymddwyn felly, - rydyn ni'n gallu bod yr un fath wrth ymwneud â phobl hefyd. Bydd gennym ni i gyd ein ffefrynnau. Dychmygwch sut byddai hi pe bai Duw yn ymddwyn yn y fath fodd.

Beth pe na bai E'n rhy hoff ohonof i? Mor ofnadwy fyddai pethau!

Dyna fendigedig yw gwybod nad yw Duw fel hynny o gwbl. Gwyddom Ei fod E'n ein caru yn llwyr, bob un ohonom. Does gan Dduw ddim ffefrynnau. Defnyddiwch enghreifftiau fel Saceus neu Saul o Darsus os dymunwch.

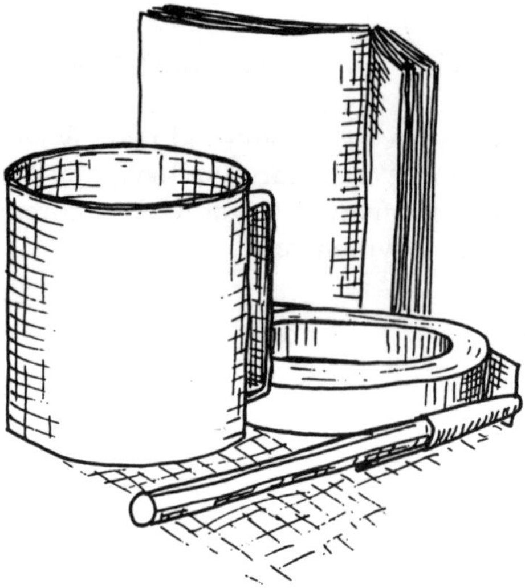

22. *Anghyffredin*

Cyfeiriad Beiblaidd : 1 Corinthiaid 1 : 26 - 28

Y Neges : Mae iachawdwriaeth Duw ar gyfer pobl gyffredin iawn

Cyfarpar Angenrheidiol : Llond bag siopa plastig o bethau 'cyffredin ' iawn, wedi eu dewis oherwydd nad oes dim arbennig yn eu cylch; yr adnodau uchod o'r Beibl wedi eu hysgrifennu ar ddarn o bapur wedi'i selio mewn amlen frown. Dylid gosod yr amlen ar waelod y bag.

Dywedwch wrth y gynulleidfa eich bod wedi dod â nifer o eitemau gyda chi er mwyn iddyn nhw gael eu gweld. Codwch y bag a thynnwch yr eitemau allan - un ar y tro, gan wneud sylwadau tebyg i hyn : 'Wel, dyma i chi fwg coffi. Mwg coffi digon cyffredin. Does fawr ddim fedra' i ddweud am hwn. Beth sy' nesa' ? Aa .... Llyfr ysgrifennu. Mae'n wag. Does dim arbennig yn ei gylch o gwbl. Rholyn o dap gludo nesa'. Pam yn y byd bod hwnna yn y bag ? ' Ac yn y blaen nes bod y bag yn wag.

Dim ond yr amlen sydd ar ôl yn y bag. Tynnwch hi allan gan ei hagor er mwyn datgelu'r cynnwys. Mae'r Beibl yn wir yn dweud pethau rhyfeddol ! Darllenwch yr adnodau oddi ar y darn papur oedd yn yr amlen.

Dewisodd Duw bobl 'gyffredin' yn fwriadol - pobl nad oes dim byd arbennig neu arwyddocaol iawn yn perthyn iddyn nhw. Oes rhywun yma yn teimlo braidd yn 'gyffredin' ? Efallai na fydd y person hwnnw fyth yn ennill mewn unrhyw gêm, nac ychwaith yn disgleirio yn y dosbarth. Efallai na fyddan nhw fyth ar frig y dosbarth nac yn dod yn gyntaf. Wel, dyma'r union fath o bobl y mae Duw am eu gwneud yn eiddo Iddo'i Hun ! Fe aeth ati i ddewis, o fwriad, bob un ohonom sydd yma heddiw. Does dim rhaid inni fod yn gyfoethog, yn bwysig neu'n 'sêr' er mwyn inni fod yn arbennig yng ngolwg Duw. Mae Ef yn caru ac yn dymuno cael pobl gyffredin fel chi a fi !

23. *Dechreuwch Rifo.....*

Cyfeiriad Beiblaidd : Luc 12 : 7

Y Neges : Mae'r sawl sy'n cydnabod Iesu Grist yn Arglwydd yn bwysig iawn yng ngolwg Duw

Cyfarpar Angenrheidiol : Dim

Gofynnwch i ddau wirfoddolwr sy'n meddwl eu bod yn gallu rhifo'n dda ddod i'r blaen. Dywedwch wrthyn nhw bod gennych chi dasg anodd tu hwnt iddyn nhw i'w chyflawni - tasg na fyddai hyd yn oed y mathemategydd gorau yn y byd yn ei chael hi'n hawdd. Gofynnwch i'r naill rifo pob blewyn sydd ar ben y llall.

Amhosibl? Os oes oedolyn sy'n dechrau moeli'n bresennol, efallai y carai ef neu hi ddod ymlaen a gwirfoddoli ? Fyddai hynny'n gwneud pethau'n haws ?

Amhosibl o hyd ? Fe ddywedodd Iesu Grist rywbeth gwirioneddol ryfeddol am Dduw. Edrychwch ar Luc 12 : 7

Os yw Duw yn gwybod sawl blewyn o wallt sydd ar ein pennau, oes yna unrhyw beth yn y byd nad yw Ef yn ei wybod? Mae'n debyg bod tua 140,000 blewyn ar ben person â gwallt tywyll, a thua 80,000 ar ben person gwallt golau. Ac fe ŵyr Duw yr union faint o flew sydd ar ben pob person yn unigol! Pam, dybiwch chi, y dywedodd yr Iesu'r ffaith ryfeddol hon wrth Ei ddisgyblion ?
Er mwyn dangos iddyn nhw mor bwysig oedden nhw yng ngolwg Duw.

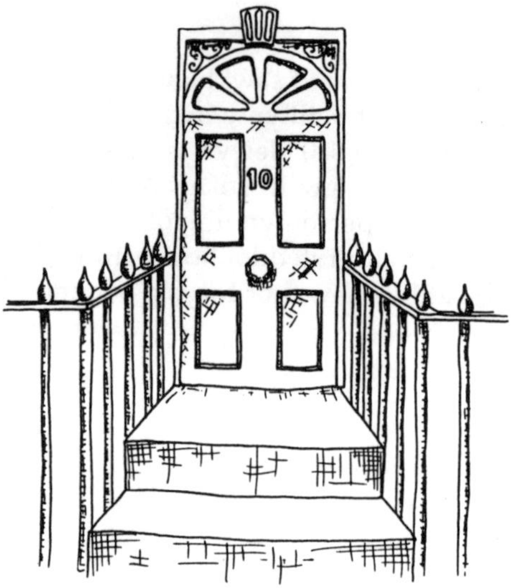

24. *Ac yn awr dyma'r Newyddion Da*

Cyfeiriadau Beiblaidd : Eseia 40 : 21 - 26 ; 41 : 4

Y Neges : Duw sydd yn gofalu am hanes

Cyfarpar Angenrheidiol : Rhestr o Brif Weinidogion enwog, Arlywyddion, Brenhinoedd neu Freninesau; Adnodau o'r Beibl wedi eu hysgrifennu ar dryloyw Uwch-daflunydd neu ddarn o bapur

Arddangoswch Eseia 40 : 21 - 26 a 41 : 4. Dywed yr adnodau wrthym mai llaw Duw sy'n llywio hanes.

Gofynnwch y cwestiynau canlynol sy'n codi o'r adnodau Ysgrythurol uchod ('yr Arglwydd' yw'r ateb bob tro) :

Pwy sy'n eistedd ar ei orsedd uwchlaw'r ddaear ?
Pwy sydd mor fawr, fel bod pobl yn ymddangos fel

sioncynnod gwair o'u cymharu ag e ?

Pwy greodd y bydysawd ?

Pwy sy'n darostwng tywysogion a llywodraethwyr ?

Pwy sy'n bod o'r dechrau i'r diwedd ?

Gan bwy y mae enw i bob seren ?

Pwy sy'n peri bod y bydysawd yn dal i droi?

Pwy sy'n gwneud trefniadau ac yn gwireddu ei gynlluniau yn ddiffael ?

Pwy yw'r mwyaf oll ?

Ewch ymlaen trwy ofyn 'Pwy sydd yn fwy nerthol na ....?' gan redeg trwy eich rhestr o brif weinidogion, arlywyddion, brenhinoedd neu freninesau. Gofynnwch i'r plant ateb ag un llais : 'Yr Arglwydd!'

Pan fyddwn ni'n gwylio'r newyddion ar y teledu, cawn ein temtio i feddwl weithiau bod y byd yn mynd â'i ben iddo, a'i fod allan o reolaeth yn llwyr, a gallwn deimlo'n ofnus iawn. Mae angen inni gofio bod Duw yn dragywydd wrth y llyw.

25. *Dim Newydd - Newydd Da !*

Cyfeiriad Beiblaidd : Eseia 40 : 9 - 11

Y Neges : Anaml iawn y bydd newyddion da Duw ymhlith penawdau'r papurau newydd

Cyfarpar Angenrheidiol : Papur newydd diweddar - un copi ar gyfer pob dau ddisgybl

Dosbarthwch eich papurau newydd - un rhwng pob dau ddisgybl a gofynnwch iddyn nhw chwilio am ' newyddion da '.
Darllenwch y pennawd perthnasol a chrynhowch y stori. Mae dod o hyd i newyddion da yn dasg ddigon anodd gan nad yw'r newyddion sy'n cael ei adrodd yn ' newyddion da ' o gwbl.

Edrychwch fyda'ch gilydd ar Eseia 40 : 9 - 11. Dywed yr adnodau yma wrthym mai dymuniad Duw oedd bod pobl Jerwsalem yn gwybod y newyddion da ei fod Ef ei hun yn dod i'w plith.

Dywedodd wrth y negesydd am fynd i ben mynydd uchel a chyhoeddi'r newydd mewn llais uchel, gan nad oedd am i neb golli'r digwyddiad !

Proffwydoliaeth oedd hon. Fe' i gwireddwyd nifer o flynyddoedd yn ddiweddarach pan anwyd Iesu Grist. Pan ddaeth Ef i'r byd, daeth Duw i'r byd hefyd. Mae neges Iesu Grist yn dal yn ' newydd da ' - mae gwyrthiau yn dal i ddigwydd ym mywydau dynion hyd yn oed heddiw, ond mae hi bron yn amhosib darllen amdanynt yn y papurau newydd. Mae Eglwys Iesu Grist ar draws y byd yn tyfu'n fwy heddiw nag erioed. 'Dyw 'r newydd gwirioneddol dda
ddim i'w weld yn y papurau dyddiol.

Os dymunwch hynny, darllenwch ar goedd nifer o ffeithiau o gyhoeddiadau Cristnogol sy'n tanlinellu'r tŵf aruthrol sy'n digwydd ar hyn o bryd yn y byd Cristnogol. Cyflwynwch y ffeithiau gyda'r geiriau ..... ' Wyddoch chi ..... ? '

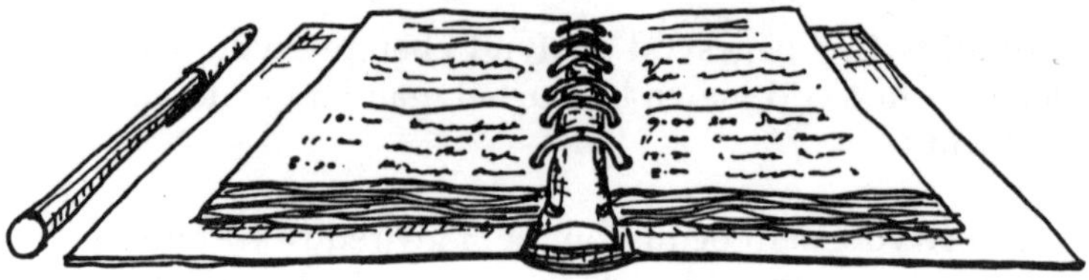

26. *'Yn Dy law y mae f'amserau'*

Cyfeiriad Beiblaidd :	Llyfr y Pregethwr 3: 1 - 8
Y Neges :	Mae amser penodol i bopeth yn ôl trefn Duw
Cyfarpar Angenrheidiol:	Dyddiadur apwyntiadau neu ffeil-o-ffeithiau

Dangoswch eich dyddiadur neu eich ffeil-o-ffeithiau ac esboniwch pam, a sut y byddwch yn ei ddefnyddio.

Mae gan Dduw ddyddiadur ar gyfer pob un ohonom, ond chawn ni ddim bob amser edrych arno ymlaen llaw ! Edrychwch gyda'ch gilydd ar Lyfr y Pregethwr 3: 1 - 8. Faint o wahanol amserau all fod yn ein bywydau?

Mae Duw wedi trefnu pob un ohonynt ar ein cyfer. Beth bynnag a ddigwydd, does fyth angen i ni boeni nac ofni.
Mae Duw wrth y llyw. Mae Ef gyda ni bob amser.

Pa un o'r 'amserau' yma ym marn yr ieuenctid sy'n berthnasol iddyn nhw nawr ?

27. *Curwch eich Dwylo*

Cyfeiriad Beiblaidd :	Salm 47
Y Neges:	Gallwn guro'n dwylo mewn llawenydd wrth addoli Duw
Cyfarpar Angenrheidiol:	Geiriau'r gân isod wedi eu hysgrifennu ar dryloyw Uwch-daflunydd neu ddalen fawr o bapur

Canwch y gân sy'n dilyn fel tôn gron (rhan-gân) gan ddefnyddio'r dôn gyfarwydd- Frère Jacques.
Rhannwch y plant yn bedwar grŵp.

> Clod i'r Tad, clod i'r Tad,
> Clod i'r Mab, clod i'r Mab,
> Clod i'r Ysbryd Glân, clod i'r Ysbryd Glân,
> Duw sy'n un, tri yn un.

Sanctaidd Dad, sanctaidd Dad,
Nerthol Fab, nerthol Fab,
Gwerthfawr Ysbryd Glân, gwerthfawr Ysbryd Glân,
Duw sy'n un, tri yn un.

Edrychwch ar Salm 47 : 1. Beth mae'r Salmydd yn dweud wrth bawb i'w wneud? Mae gweddill y salm yn rhoi digon o resymau pam y dylem ni guro'n dwylo mewn llawenydd. Beth yw rhai o'r rhesymau hyn ?

Rhowch gynnig ar y dôn gron eto, y tro hwn curwch y rhythm yn hytrach na chanu.

Dewiswch emyn bywiog i'w ganu, ac yn ystod un o'r penillion gofynnwch i'r gynulleidfa i beidio â chanu ond yn hytrach i guro'r rhythm - tasg ddigon anodd ! Os oes gennych ddrymiwr yn bresennol, gadewch iddo ef neu hi ddrymio rhythm un pennill tra bod pawb arall yn gwrando.

28. *Mae Croeso i Chi Godi'ch Cloch*

Cyfeiriadau Beiblaidd : Salm 33: 1 - 3; 47 : 5 - 9 ; 81 : 1

Y Neges : Gallwn foli Duw trwy godi'n cloch

Cyfarpar Angenrheidiol : 'Gwaeddfesurydd' ('shoutometer ') - h.y. darn o gardfwrdd wedi ei dorri i siâp cylch, gyda'r rhifau un i ddeg wedi eu hysgrifennu ar y gylchlin. Gosodwch bwyntydd yn y canol a'i ddal yn ei le gyda bachyn papur.

Cychwynnwch trwy sgwrsio am weiddi. Ble a phryd byddwn ni'n gweiddi?
Gall iard chwarae'r ysgol fod yn lle hynod o swnllyd pan fydd disgyblion llawn cyffro o gwmpas y lle.

Dangoswch y 'gwaeddfesurydd' arbennig a wnaethoch cyn

dod. Peiriant i fesur pa mor uchel y gall person weiddi neu godi'i gloch yw hwn. Dewiswch bump neu chwech o wirfoddolwyr a gofynnwch i bob un yn ei dro i weiddi'r frawddeg : 'Mae Duw yn Frenin mawr'. Wrth i bob un roi cynnig arni, dangoswch y sgôr ar y 'gwaeddfesurydd'.

Edrychwch ar rai o'r adnodau uchod ac adroddwch ambell un ohonynt gyda'ch gilydd - nerth eich cegau. Byddai'n syniad pe baech yn ysgrifennu nifer o'r adnodau ar dryloyw ymlaen llaw.

RHAN 3

Yr Iesu

29. *'Mae E 'run ffunud â'i Dad!'*

Cyfeiriadau Beiblaidd :	Ioan 14 : 8 - 9; Colosiaid 1 : 15; Hebreaid 1 : 3
Y Neges :	Iesu Grist y dyn, yn Dduw mewn gweithred
Cyfarpar Angenrheidiol :	Drych tipyn o faint.

Soniwch am sut y mae pobl yn dymuno 'gweld' Duw, a bod nifer yn ei chael hi'n anodd credu mewn rhywun na fedrant ei weld. Efallai bod nifer o'r plant o'r farn y byddai'n haws credu yn Nuw pe baen nhw'n medru Ei weld ?

Roedd gan un o ddisgyblion yr Iesu yr union broblem hon. Dywedodd Philip wrth yr Iesu yn Ioan 14 : 8
'Arglwydd, dangos i ni y Tad, a bydd hynny'n ddigon inni.'
Cafodd Philip ateb ysgytwol gan yr Iesu.
Dywedodd : 'Y mae'r sawl sydd wedi fy ngweld i wedi gweld y Tad' (Ioan 14: 9).

Trowch eich cefn ar y plant ac edrychwch yn y drych. Trowch y drych fel bod pawb yn medru gweld eich adlewyrchiad.

Adlewyrchiad perffaith o Dduw yw'r Iesu. Os ydym am weld Duw yn glir, rhaid inni ddarllen y cyfan fedrwn ni am yr Iesu er mwyn cael darlun llawn ohono Ef.

30. Un Ffordd yn Unig

Cyfeiriad Beiblaidd :	Ioan 14 : 6
Y Neges :	Iesu Grist yw'r unig ffordd i ni ddod i adnabod Duw yn bersonol
Cyfarpar Angenrheidiol:	(dewisol) darlun o'r lleuad; darlun o roced ofod.

Oes rhywun o blith y plant yn gwybod pa mor bell yw'r lleuad oddi wrth y ddaear? (Ateb : 238,860 milltir)
Oes unrhyw berson erioed wedi bod i'r lleuad ? (Ateb: ym mis Gorffennaf 1969, glaniodd dau ofodwr o'r llong ofod Americanaidd, Apollo 11 ar y lleuad. Rhwng 1969 ac 1972 bu gofodwyr ar bump ymweliad â'r lleuad) Pwy o blith y plant fuasai'n dymuno mynd am drip i'r lleuad ? A fyddai hynny'n bosib ?

A oes rhywun weithiau'n teimlo bod Duw yn bell, bell i ffwrdd? Efallai bod y person hwnnw'n gwybod bod Duw yno, ond yn teimlo nad yw'n bosib cyrraedd ato? Efallai eich bod chi yn un o'r bobl hynny sy'n teimlo mai dim ond pobl arbennig iawn sy'n gallu bod yn agos at Dduw, yn yr un ffordd ag mai dim ond y gofodwyr hynny a ddewiswyd gafodd ymweld â'r lleuad.

Oes yna ffordd i nesáu at Dduw ? Mae'r ffordd yn agored i BAWB o'r bron, ac mae miliynau o bobl wedi darganfod y ffordd honno. Dywedodd yr Iesu : 'Myfi yw'r ffordd, y gwirionedd a'r bywyd. Nid yw neb yn dod at y Tad ond trwof i.'

Os ydym am gyrraedd at Dduw, mae'n rhaid inni gredu ac ymddiried yn yr Arglwydd Iesu Grist. Gall pob un ohonom wneud hynny !

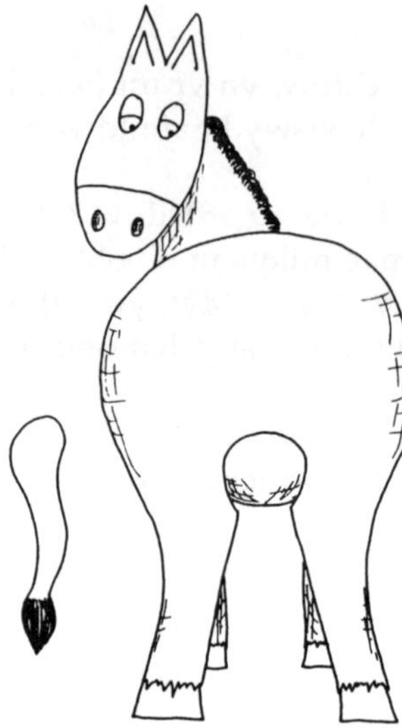

31. Goleuni'r Byd

Cyfeiriadau Beiblaidd : Ioan 8 : 12; 1 Ioan 1 : 5; Salm 36: 9 ; Effesiaid 4 : 18; 2 Corinthiaid 4 : 4 - 6

Y Neges : Mae'r rhai sy'n dilyn yr Iesu fel pe baent yn byw eu bywydau mewn 'goleuni'; mae'r rhai hynny sydd heb fod yn dilyn yr Iesu fel pe baent yn byw eu bywydau mewn 'tywyllwch'.

Cyfarpar Angenrheidiol : Mwgwd; llun asyn gyda chynffon ar wahan, yn barod ar gyfer y gêm 'Gosod cynffon ar yr asyn.'

Chwaraewch y gêm 'Gosod cynffon ar yr asyn'. Rhowch y mwgwd am lygaid y gwirfoddolwyr yn eu tro a gadewch iddynt geisio gosod y gynffon yn y lle cywir ar yr anifail. Yna gofynnwch i rywun wneud yr un peth eto ond y tro hwn heb wisgo'r mwgwd.

Gofynnwch y cwestiwn : 'Pwy ddywedodd "Myfi yw goleuni'r byd"?' Ceisiwch drafod ychydig ar ystyr y gosodiad hwn. Mae'n hollol amlwg nad oedd yr Iesu yn llythrennol yn darddle 'goleuni'. Am beth roedd E'n siarad, felly ? Roedd yr Iesu yn hawlio rhywbeth aruthrol yma . Dim ond Mab Duw fedrai ddweud y fath beth.

Dywed y Beibl wrthym bod y sawl sydd heb fod yn credu yn yr Arglwydd Iesu Grist yn gwisgo mwgwd - nid yr un fath o fwgwd ag yr oedd y bobl fu'n chwarae'r gêm yn ei wisgo'n gynharach, ond mwgwd y tu mewn i'w calonnau a'u meddyliau (Effes. 4 : 18). Mae'n rhaid i ni weld beth rydym yn ei wneud os am osod cynffon yr asyn yn y lle cywir. Rhaid inni fedru gweld yng ngoleuni Iesu Grist er mwyn byw ein bywydau yn ffordd Duw. Dyna beth ofnadwy yw gorfod dibynnu ar ddyfalu sut y dylem fyw yr unig fywyd sydd gan bob un ohonom !

Fodd bynnag, gyda goleuni Iesu Grist yn tywynnu yn ein calonnau, rydym yn gwybod ein bod yn byw yn ôl dymuniad Duw. Gallwn 'weld' i ble rydym yn mynd. Defnyddiwch y cyfeiriadau Beiblaidd i bwysleisio'r neges.

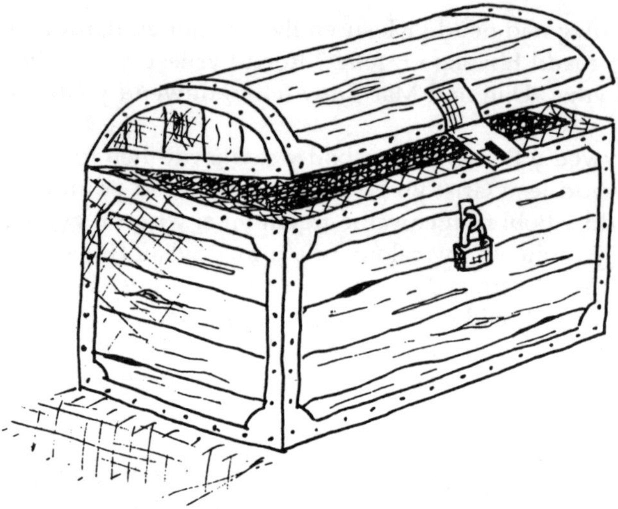

32. *Amhrisiadwy!*

Cyfeiriad Beiblaidd : Mathew 13 : 44 - 46

Y Neges : Mae'r Iesu yn fwy gwerthfawr nag unrhyw ffortiwn!

Cyfarpar Angenrheidiol : Un neu ddau eitem sydd o werth i chi - 'trysorau' personol

Tynnwch allan eich 'trysorau' personol ac esboniwch pam eu bod mor werthfawr yn eich golwg. Oes gan rai o'r ieuenctid rywbeth y maen nhw'n rhoi pris mawr arno - rhywbeth y maent yn ei drysori ?

Adroddodd yr Iesu ddwy ddameg am drysor. Oes rhywun yn gwybod beth oedd y ddwy stori ? Edrychwch ar y cyfeiriad Beiblaidd uchod os oes angen. Beth yw ystyr y damhegion hyn?

Teyrnas Dduw yw'r trysor mwyaf gwerthfawr sy'n bod. Yr Arglwydd Iesu Grist yw'r darganfyddiad mwyaf posib. Mae Ef mor werthfawr nes bod ein holl drysorau materol ni yn ddiwerth o'u cymharu ag Ef. Mae'r sawl sy'n darganfod yr Iesu yn barod i roi'r gorau i bopeth arall er mwyn ei ddilyn Ef. Pan fydd unigolyn yn darganfod yr Arglwydd Iesu mae'n darganfod trysorau amhrisiadwy sy'n para am byth!

33. *Croeso i Bawb!*

Cyfeiriadau Beiblaidd :	Ioan 6 : 37; Mathew 11 : 28
Y Neges :	Mae'r Iesu yn croesawu pawb sy'n dod ato Ef
Cyfarpar angenrheidiol:	Darn mawr o bapur gyda siâp cylch wedi'i dynnu arno

Os yw'r sgwrs hon yn cael ei chyflwyno yn ystod gwasanaeth mewn capel neu eglwys, yna gofynnwch i'r plant fynd ymlaen at bob un yn y gynulleidfa, gan ysgwyd llaw â nhw a dweud 'Croeso' . Rhaid gwneud yn siŵr na chaiff neb ei adael allan.

Yn union fel y bu i'r plant groesawu pawb, felly hefyd y mae'r Iesu yntau, yn croesawu. Nid oes NEB yn cael ei wrthod gan Iesu Grist; does neb nad oes croeso iddo neu iddi; does neb y mae'n well gan yr Iesu beidio â siarad ag ef neu hi; neb y mae'r Iesu'n dymuno peidio datblygu perthynas ag ef neu hi.

Ar y darn mawr o bapur sydd â siâp cylch arno, gofynnwch i bawb ddod ymlaen naill ai i dynnu llun ohonynt eu hunain neu dorri eu henwau yn y cylch tra bo'r gynulleidfa yn canu emyn. (Yn naturiol bydd gweithredu'r ymarfer hwn yn dibynnu ar faint y grŵp!)

34. Mae Plant yn Bobl Arbennig Iawn !

Cyfeiriad Beiblaidd : Marc 10: 13 - 16

Y Neges : Bydd yr Iesu yn bendithio plant sy'n cael eu harwain ato mewn ffydd, yn union fel y bendithiodd blant yn ystod Ei fywyd ar y ddaear

Cyfarpar Angenrheidiol : Dim

Os byddwch yn cyflwyno'r anerchiad hwn yn ystod gwasanaeth mewn capel neu eglwys, gofynnwch i'r gynulleidfa godi eu dwylo os bu iddynt fynychu Ysgol Sul neu Glwb Beiblaidd yn rheolaidd pan oedden nhw'n blant. Trefnwch bod rhai o'r plant yn cyfrif y dwylo sydd wedi'u codi.

Yna gofynnwch i'r sawl na chafodd unrhyw ddysgeidiaeth Gristnogol tra'n ifanc godi eu dwylo. Dewiswch grŵp arall o blant y tro hwn i gyfrif y dwylo.

Cymharwch y ddau rif.

Darllenwch neu adroddwch y stori am sut y bendithiodd yr Iesu y plant a ddygwyd ato (gweler Marc 10). Sylwch pa mor bwysig oedd y plant yma yng ngolwg yr Iesu. Sylwch sut y bu Iddo eu cymryd yn Ei freichiau a'u bendithio bob un. Gofynnwch i'r ieuenctid geisio dychmygu sut effaith gafodd y fendith uniongyrchol hon gan yr Iesu ar fywydau'r plant hynny. Nid yw'r Beibl yn dweud wrthym pwy oedd y plant nag ychwaith, beth ddigwyddodd iddynt wedi'r digwyddiad. Byrdwn y stori yw nad oes raid inni aros nes y byddwn yn oedolion cyn y medrwn gyfarfod â'r Iesu a derbyn Ei fendith.

Derbyniodd y bobl hynny a gododd eu dwylo mewn ateb i'r cwestiwn cyntaf a ofynnwyd, fendith gan Iesu Grist Ei hun, wrth iddyn nhw ddysgu mwy amdano tra'r oedden nhw'n ifanc.

Mae'n adeg gyffrous i'r plant sy'n bresennol oherwydd mae'r Iesu yn eu bendithio y funud hon. Mae Ef yn bresennol, nid fel person, ond yn nerth Ei Ysbryd Glân. Mae E'n dal i garu plant ac yn dymuno eu bendithio. Wrth i'r plant a'r ieuenctid ddod i'r cyfarfod maen nhw'n dod at Iesu Grist. Pwy ŵyr pa effaith a gaiff hyn ar eu bywydau yn y dyfodol?

35. 'Rwy'n Teimlo'n Ofnadwy

Cyfeiriad Beiblaidd : Marc 2 : 17

Y Neges : Daeth yr Iesu i gynorthwyo'r rhai hynny sy'n 'sâl' yn ysbrydol

Cyfarpar Angenrheidiol: Pâr o ffyn baglau (os yn bosib); 'sling', rhwymyn; plaster glynu

Heb yn wybod i neb, gofynnwch i rywun eich cynorthwyo i 'wisgo'i fyny'. Gosodwch rwymyn o amgylch eich pen, plaster glynu ar eich wyneb, rhwymyn o gwmpas un droed, eich braich mewn 'sling' ac yna cerddwch i mewn i wynebu'ch cynulleidfa.

Wrth i chi hercian i'ch lle, dechreuwch gwyno bod eich pen yn curo fel gordd, eich troed yn brifo, a bod eich corff yn gleisiau i gyd oherwydd i chi syrthio'n bendramwnwgl i lawr y grisiau. Yn anffodus, rydych chi'n un o'r bobl hynny na all ddioddef poen o unrhyw fath ac rydych erbyn hyn yn gwingo gan ei effaith!

Gofynnwch ymlaen llaw i rywun dorri ar eich traws gan ddarllen y geiriau a welir yn Efengyl Marc 2 : 17. At beth oedd yr Iesu yn cyfeirio pan ddywedodd Ei fod E wedi dod ar gyfer y rhai hynny oedd yn 'sâl'? Oes rhywun yn gallu esbonio'n union beth oedd E'n ei feddwl? Pwy yw'r bobl hynny sy'n 'sâl'? Sut y gall yr Iesu fod yn 'feddyg '?

Tynnwch eich rhwymau gan esbonio bod yr Iesu yn defnyddio darlun i ddisgrifio pobl sy'n gwybod eu bod yn sâl a phechadurus yn eu calonnau. Daeth Iesu Grist i'r byd yn unswydd i roi maddeuant a chyfanrwydd i fywydau pobl o'r fath.

Dewch â'ch anerchiad i ben trwy ofyn y cwestiwn : 'Dwylo i fyny pwy sy'n gwybod bod angen Iesu Grist arnyn nhw yn eu bywydau?' Codwch chi eich llaw yn gyntaf. Mae angen y 'meddyg' arnom ni i gyd i wella'n calonnau pechadurus.

36. Maddeuant i Bawb

Cyfeiriadau Beiblaidd : Rhufeiniaid 3 : 23 - 26; Luc 7 : 47

Y Neges : Mae angen maddeuant trwy farwolaeth yr Iesu ar y Groes ar bob un ohonom, p'un ai yw ein pechodau yn fychan neu'n niferus

Cyfarpar angenrheidiol : Haearn smwddio (gyda gwifren ymestyn gref os oes angen); bwrdd smwddio; un neu ddau ddilledyn sydd wedi eu crychu'n ofnadwy; ambell ddilledyn sydd braidd angen eu smwddio o gwbl.

Wrth i chi osod y bwrdd smwddio yn ei le a chysylltu'r haearn i'r cyflenwad trydan, lluniwch stori yn esbonio pam bod angen i chi wneud ychydig o smwddio (e.e. eich bod chi ar ei hôl hi gyda'r gwaith tŷ).

Dangoswch ddilledyn sydd wedi ei grychu'n go arw i'r plant

ac wrth i chi ei smwddio, disgrifiwch sut y mae'r plygiadau yn cael eu llyfnhau nes bod pob awgrym o grychni yn diflannu o'r dilledyn. Wedi i chi ei orffen dangoswch y dilledyn i'r gynulleidfa. Wrth i chi droi at ddilledyn sydd heb ei grychu, esboniwch bod angen i hwn hefyd gael ei smwddio, er nad yw'n ymddangos yn rhy ddrwg ar yr olwg gyntaf. Dangoswch y dilledyn hwn hefyd wedi i chi ei smwddio. Wrth i chi smwddio ychwaneg o ddillad parhewch i gynnig sylwebaeth sy'n dilyn y trywydd hwn.

Rhowch y gorau i'r smwddio, a gan sefyll y tu ôl i'r bwrdd smwddio esboniwch sut y bu'r Iesu farw ar y Groes er mwyn maddau ein pechodau. Mae rhai pobl yn euog o gyflawni'r pethau mwyaf erchyll yn eu bywydau ac mae gwir angen maddeuant arnyn nhw. Maen nhw'n debyg iawn i'r dillad hynny oedd yn llawn crychiadau a phlygiadau ac yn galw am gael eu smwddio. Mae eraill yn edrych yn ddigon ffeind ar y tu allan ac yn ymddangos weithiau fel pe baen nhw'n bobl eitha' da mewn sawl ffordd. Maen nhw'n debyg i'r dillad hynny nad oedd angen rhyw lawer o smwddio arnyn nhw. Ond waeth sut maen nhw'n edrych, mae angen ei smwddio ar bob un ohonyn nhw, ac unwaith y gwelan nhw ôl yr haearn, maen nhw i gyd yn ymddangos yr un fath : yn berffaith llyfn a fflat; wedi derbyn maddeuant llawn. Beth bynnag yw ein cyflwr, mae'n rhaid inni ddod at yr Iesu, gan ofyn iddo Ef yn wylaidd am Ei faddeuant i'n glanhau. Mae Ef yn medru smwddio'r crychiadau ym mywydau pob un ohonom!

P'un ai yw ein pechodau yn fychan neu yn niferus, mae angen maddeuant yr Iesu ar BOB UN ohonom.

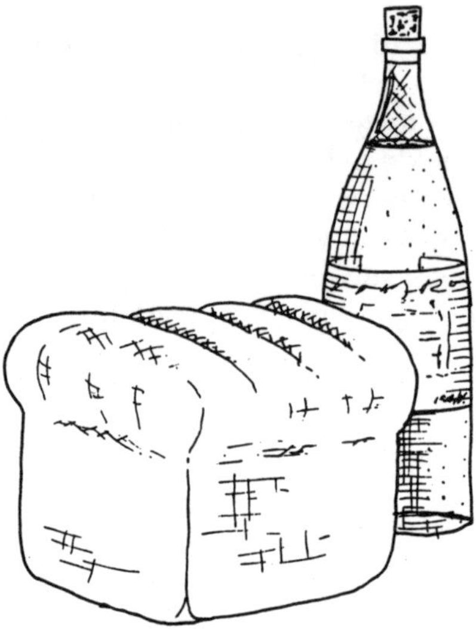

37. *Cymerwch*

Cyfeiriad Beiblaidd :	Marc 14 : 22 - 24
Y Neges:	Rhoddodd yr Iesu Ei fywyd drosom
Cyfarpar Angenrheidiol :	Anrheg werthfawr a roddwyd i chi; torth o fara; llond jwg o win neu sudd

Dechreuwch trwy sgwrsio am yr anrheg a gawsoch, gan esbonio na wnaethoch chi ddim o gwbl i'w haeddu - doedd dim rhaid i chi dalu dimai goch, na gwneud dim yn y byd yn gyfnewid amdani.

Llywiwch y sgwrs at y modd y gwnaeth yr Iesu roi rhywbeth i'w ddisgyblion cyn Iddo farw ar y Groes. Dangoswch y dorth fara a'r jwg o win neu sudd. Rhoddodd yr Iesu y pethau hyn i'w ddisgyblion gan ddweud wrthyn nhw ar yr un pryd eu bod nhw'n cynrychioli rhywbeth arbennig. Darllenwch Marc 14 : 22 - 24

Tynnwch sylw at eiriau'r Iesu wrth iddo roi'r bara a'r gwin i'w ddisgyblion. Dywedodd , 'Cymerwch'. Pe bai'r Iesu yn sefyll yma nawr gyda thorth o fara a gwin, oni fyddai E'n dweud wrthym ni hefyd, 'Cymerwch,' yn union fel y gwnaeth gyda'r disgyblion ? Mae'r Iesu'n cynnig inni heddiw - nid darn o fara a diod o win yn unig, ond yr hyn y maen nhw'n ei gynrychioli : Ei Fywyd, a roddwyd yn rhad ac am ddim drosom ni. Y cyfan sydd angen inni ei wneud yw ei 'gymryd'.

38. *Yn Gyfangwbl Lân*

Cyfeiriadau Beiblaidd : Eseia 1 : 18 ; Hebreaid 10 : 10 ; Genesis3

Y Neges : Mae gwaed yr Arglwydd Iesu yn ein glanhau o bob pechod

Cyfarpar Angenrheidiol: Dysgl wydr yn llawn o ddŵr; hylif lliwio bwyd yn goch; potelaid o hylif cannu e.e. 'Parazone'

Adroddwch y stori a welir yn Genesis 3 (sut y daeth pechod i mewn i'r byd), gan ddangos y ddysgl wydr yn llawn o ddŵr clir. Ewch ati i'w staenio gyda'r hylif lliwio bwyd wrth i chi siarad. Unwaith y bydd y dŵr yn goch, does dim troi nôl. Unwaith y daeth pechod i mewn i'r byd, cafodd effaith ar bob person. Ychwanegwch fwy a mwy o'r hylif lliwio wrth i chi adrodd beth a ddywed y Beibl am sut yr aeth y pechodau roedd dynion yn eu cyflawni o ddrwg i waeth, nes eu bod nhw'n cyflawni drygioni ofnadwy - pethau na fedrwn ni eu dychmygu hyd yn oed.

Rhoddodd Duw Ei ddeddfau a'i orchmynion er mwyn dangos i bobl sut i fyw mewn perthynas dda ag Ef a byw yn gytûn gyda'i gilydd, ond mae drygioni dyn wedi difetha hynny hefyd.

Darllenwch Eseia 1 :18. Arllwyswch ddigon o'r hylif cannu i mewn i'r ddysgl o ddŵr coch a disgrifiwch sut y cymerodd yr Iesu ein pechodau ni ar Ei ysgwyddau Ef ei hun pan fu farw drosom ar y Groes.

39. *Gorffennwyd y Gwaith*

Cyfeiriadau Beiblaidd : Ioan 4 : 34; 19 : 28 - 30

Y Neges : Cwblhaodd yr Iesu waith yr Iachawdwriaeth pan fu farw ar y Groes

Cyfarpar Angenrheidiol : Pethau sydd ar hanner eu gwneud e.e.- llun â rhan ohono wedi ei liwio; llythyr 'diolch' sydd heb ei orffen neu siwmper ar hanner ei gwau

Anogwch y plant i siarad am y gwendid hwnnw o fynd ati i gychwyn tasg a'i gadael ar ei hanner - heb ei chwblhau. Bydd rhai ohonom yn bwrw ati fel lladd nadroedd ar bethau fel gemau jigsô, gwneud modelau a brodwaith ond cyn hir byddwn yn diflasu, yn digalonni ac yn rhoi'r ffidil yn y to. Dangoswch eich casgliad o bethau sydd 'ar eu hanner' a gwnewch sylwadau am bob un ohonynt.

Wyddoch chi bod gan yr Arglwydd Iesu dasg anodd ofnadwy

i'w chwblhau pan oedd E'n byw ar y ddaear yma.
Darllenwch Hebreaid 7: 23 - 27. Dyna i chi andros o waith ! Roedd Duw wedi ei ddewis Ef i gymodi Duw a dyn. Roedd rhaid iddo fyw bywyd perffaith ac yna cynnig ei hun yn aberth dros ein pechodau ni. Ond wnaeth yr Iesu ddim gadael y dasg ar ei hanner. Fe gwblhaodd y gwaith. Pan fu farw ar y Groes roedd yr Iesu wedi gwneud popeth- wedi cyflawni'r cyfan roedd Duw wedi bwriadu Iddo ei wneud.

Fe wnaeth yr Iesu bopeth oedd ei angen i'n gwneud ni - bechaduriaid - yn dderbyniol gerbron Duw. Doedd dim rhaid inni wneud y gwaith ein hunain. Gallwn gredu a rhoi ein ffydd yn Ei eiriau wrth iddo farw : 'Gorffennwyd.'
(Ein 'gwaith' ni yw credu yn Iesu Grist, Mab Duw - Ioan 6 : 29.)

40. *Fe Safodd yn Fy Lle*

Cyfeiriad Beiblaidd : Ioan 18 : 39 - 40

Y Neges : Bu'r Iesu farw yn fy lle i

Cyfarpar Angenrheidiol : Pâr o bethau megis : ciniog a phapur pumpunt; tegan bychan Lego a blwch mawr o Lego; un losin a bocs o siocled; esgidiau loncian 'designer label' a phâr o esgidiau loncian cyffredin

Cymerwch arnoch bod gennych chi benderfyniadau anodd i'r plant i'w gwneud. Dangoswch yr eitemau fesul pâr, gan ofyn i'r plant pa un o bob pâr y bydden nhw'n hoffi ei gael.

Roedd Barabas yn llofrudd ac roedd e yn y carchar pan gafodd yr Iesu ei arestio. Pe bai modd i'r plant ryddhau Barabas neu'r Iesu - p'un fyddai eu dewis?

Dyma'r union ddewis roddodd Peilat i'r dyrfa oedd yn aros y

tu allan i'w balas yn Jerwsalem. Fedrwch chi gredu'r peth ? Dyma nhw'n gweiddi am ryddhau Barabas, ac nid yr Iesu. Canlyniad y dewis yma oedd i'r Iesu gael Ei groeshoelio tra bod Barabas wedi ei ollwng yn rhydd.

Gofynnwch i un o'r plant ddod ymlaen a dychmygu'r un dyrfa honno yn dewis rhyngddo fe neu rhyngddi hi a'r Iesu. Dros ba un fyddai'r dyrfa yn gweiddi? Roedden nhw mor benderfynol y dylai'r Iesu farw fe fydden nhw wedi gweiddi am ryddhau'r plentyn a'r Iesu fyddai'r un i farw. Byddai pwy bynnag a safai yno yn sicr o gael ei ryddhau. Mae BARABAS yn eich cynrychioli CHI a FI.

Dyma NEWYDDION DA efengyl Iesu Grist. Rydym ni'n fyw, oherwydd iddo Ef farw drosom.

41. *Och, Och !*

Cyfeiriadau Beiblaidd :	Rhufeiniaid 8 :19, 22- 23; Actau 1 : 11; I Thesaloniaid 4 : 16 - 17
Y Neges:	Mae'r greadigaeth gyfan yn aros yn eiddgar iawn am i'r Iesu ddychwelyd
Cyfarpar Angenrheidiol :	Dim

Gofynnwch i nifer o wirfoddolwyr ddod i'r blaen gan sefyll yno mewn un rhes syth. Gofynnwch iddynt riddfan- un ar ôl y llall. Wrth i bob un 'ochneidio', cynigiwch air o gydymdeimlad a dywedwch eu bod yn griddfan yn argyhoeddiadol iawn ! Efallai y gallai'r bechgyn ochneidio gyda'i gilydd? Ydy'r merched yn medru griddfan yn uwch ac yn fwy anobeithiol eu sain? Pryd y bydd rhywun yn griddfan mewn gwirionedd?

Dywed y Beibl wrthym bod y greadigaeth gyfan yn griddfan bob dydd a nos. Edrychwch gyda'ch gilydd ar Rhufeiniaid 8 : 19 a 22 ac esboniwch yr adnodau.

Darllenwch neu adroddwch rai manylion am ail-ddyfodiad yr Iesu o'r Nefoedd. Soniwch wrth y plant y bydd Cristnogion yn cael cyrff newydd ac yn cael eu dwyn i fyny i'r awyr gyda'r Iesu. Mae natur gyfan yn griddfan ac yn ochneidio wrth aros am y digwyddiad hwn !

RHAN 4

Yr Ysbryd Glân

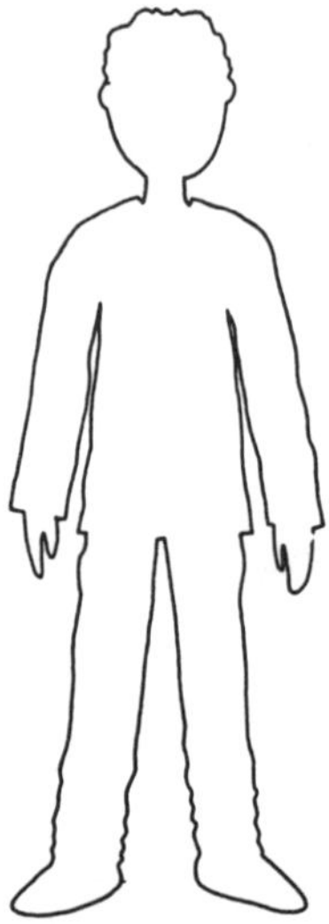

42. Yn Union Fel Yr Iesu

Cyfeiriadau Beiblaidd : Ioan 14 : 16; Actau 16 : 7

Y Neges : Mae gan Iesu Grist a'r Ysbryd Glân yr un natur yn union

Cyfarpar Angenrheidiol : Tryloyw Uwch-daflunydd neu fwrdd du ac arno amlinelliad o ddyn

Gofynnwch i'r plant ddisgrifio cymeriad yr Iesu. Sut berson oedd E ? Ysgrifennwch eu hatebion o amgylch yr amlinelliad. Mae'n debyg y bydd geiriau megis 'caredig' , 'addfwyn' , 'nerthol' a 'duwiol' yn cael eu cynnig yn atebion. Rhowch ambell awgrym hwnt ag yma, yn ôl y galw, a cheisiwch lunio darlun mor gyflawn ag sy'n bosib.

Cyfeiriwch at Ioan 14 : 16. Dywed yr Iesu ei fod Ef a'r Ysbryd Glân yn union yr un fath (Sylwch, ystyr y gair Groeg am 'arall' yw 'un sy'n union yr un fath '). Pan ddaw yr Ysbryd Glân, mae'n union fel pe bai'r Iesu ei hun gyda ni. Bydd yn byw ynom, ac yn aros gyda ni am byth. Er mwyn esbonio sut y bu i'r Ysbryd Glân gymryd lle yr Iesu, adroddwch hanes Esgyniad yr Iesu a dyfodiad yr Ysbryd Glân .

Dilëwch yr amlinelliad gwreiddiol ac yn y bwlch sydd ar ei ôl ysgrifennwch y geiriau 'YR YSBRYD GLÂN'. Nid oes gan yr Ysbryd Glân gorff fel yr un oedd gan yr Iesu, ond mae'r Ysbryd yn union yr un fath â'r Iesu ym mhopeth arall, ac fe fydd yn aros gyda ni am byth.

Ysbryd Iesu Grist yw'r Ysbryd Glân. Dyna i chi fendigedig ! Bydd Ef yn dod i fyw oddi mewn i'r rhai hynny sy'n rhoi eu ffydd yn yr Iesu.

43. *Allan o Wynt ?*

Cyfeiriad Beiblaidd : Rhufeiniaid 8 : 1 - 8

Y Neges : Mae'n amhosibl byw bywyd fel Cristion heb fod yr Ysbryd Glân yn trigo ynom

Cyfarpar Angenrheidiol : Dim

Gofynnwch am i ddau wirfoddolwr sy'n rhedwyr da ddod i'r blaen. Gofynnwch iddynt redeg yn yr unfan er mwyn gweld p'un sy'n para hwyaf. Pan fyddan nhw ar fin cychwyn dywedwch wrth un gwirfoddolwr bod rhaid iddo / iddi ddal ei anadl wrth redeg ! Rhowch sylwebaeth ar y râs wrth iddi fynd yn ei blaen.

Mae'n dasg rhy anodd i geisio byw bywyd fel Cristion heb fod 'anadl' yr Ysbryd Glân ynom. Fedrwn ni ddim cadw i fynd dros gyfnod hir o amser. Mae'n dasg sy'n gofyn am ymdrech fawr, ac fe fyddwn yn digalonni ac yn teimlo i'r byw pan fyddwn ni wedi methu. Mae'n union fel ceisio rhedeg heb anadlu.

Ond, mae'r Ysbryd Glân yn rhoi inni'r gallu i fyw bywyd y Cristion yn naturiol ac i ddal ati yn y râs !

44. *'Dwi'n Gwpan Plastig*

Cyfeiriad Beiblaidd :	2 Corinthiaid 4 : 7
Y Neges :	Mae Duw yn rhoi Ei drysor gwerthfawr, yr Ysbryd Glân, i bobl gyffredin fel chi a fi
Cyfarpar Angenrheidiol:	Cwpan 'polystyrene' neu blastig; diod o ansawdd da

Edrychwch gyda'ch gilydd ar yr adnod o'r Beibl, ac ewch ati i'w hesbonio. Beth yw'r ' llestr pridd ' y mae Paul yn sôn amdano? Beth yw'r 'trysor'?

Ers 'slawer dydd byddai pawb yn yfed o lestri pridd. Roedd cwpanau metel yn ddrud iawn. Byddai cwpanau cyffredin yn cael eu gwneud allan o glai ac yn bethau y gellid eu taflu. Heddiw byddwn yn defnyddio cwpan o fath arall. Dangoswch y cwpan plastig. Roedd ffiolau neu 'gwpanau' o glai yn hollol ddiwerth ac fe fyddai pobl yn eu taflu, yn union fel y byddwn ni'n gwaredu ein cwpanau plastig.

Pe bai Paul wedi bod yn ysgrifennu heddiw byddai wedi dweud : 'Ond y mae'r trysor hwn gennym mewn llestri plastig.'

Arllwyswch ddiod i'r cwpan plastig wrth i chi esbonio bod Duw yn Ei roi Ef ei hun inni ym mherson yr Ysbryd Glân. Gwna hyn,yn rhyfedd iawn, er nad ydym o bosib yn bobl gyfoethog nac yn enwog, ond yn hytrach yn bobl hynod gyffredin - yn llesg a phechadurus. Daw Duw i drigo ynom. Nid yw Ef yn arllwys Ei drysor i mewn i wydrau crisial neu ffiolau arian ond yn hytrach i gwpanau plastig !

45. *Pŵer y Gannwyll*

Cyfeiriadau Beiblaidd :	Actau 2 : 38 - 39; Luc 11 : 13; Mathew 5 : 14 - 16
Y Neges :	Mae'r Ysbryd Glân yn rhodd i bob credadyn, yn ddiwahân
Cyfarpar Angenrheidiol :	Casgliad o ganhwyllbrennau amrywiol, rhai wedi eu haddurno, eraill yn ddi-addurn; ychydig ganhwyllau; matsis

Dangoswch un o'r canhwyllbrennau a gofynnwch a oes rhywun yn gwybod beth yw. Cyflwynwch ail enghraifft gan dynnu sylw at y gwahaniaethau rhwng yr ail ganhwyllbren a'r gyntaf. Ewch ymlaen yn yr un modd nes i chi ddangos eich casgliad cyfan.

Er yr holl wahaniaethau, yr un yw amcan pob canhwyllbren - sef dal cannwyll .

O edrych ar y tu allan nid oes fawr ddim tebygrwydd rhwng Cristnogion â'i gilydd, yn union fel y canhwyllbrennau hyn. Soniwch am rai o'r gwahaniaethau yn eich amgylchiadau chi : hen ac ifanc, bechgyn a merched, a.y.b.

Gwahoddwch un o'r bobl ifanc ymlaen i gynnau rhai o'r canhwyllau. Yn y cyfamser ewch ati i esbonio - os yw Cristnogion fel canhwyllbrennau, yna mae'r Ysbryd Glân fel y gannwyl. Nid y ganhwyllbren sy'n rhoi goleuni inni ond y gannwyll. Mae'r Ysbryd Glân oddi mewn inni yn ein galluogi i 'dywynnu' a 'disgleirio' gan oleuni Duw. Gall yr Ysbryd Glân breswylio ym mhob un sy'n credu, beth bynnag yw siâp neu faint y person hwnnw.

46. Yn Wlyb Diferu dros Dduw

Cyfeiriadau Beiblaidd : Luc 5: 1 - 11

Y Neges : Mae'n bwysig ein bod yn hollol agored yn ein perthynas â Duw gan beidio â cheisio'i gadw hyd braich oddi wrthym

Cyfarpar Angenrheidiol : Ambarel; 'kagoule'

Yn ddiarwybod i'r gynulleidfa, gwisgwch y 'kagoule' a chodwch yr ambarel, a cherddwch i mewn yn barod i gyflwyno'r neges.

Peidiwch â thynnu sylw at y ffaith eich bod yn cario ambarel ac ewch ati i sgwrsio fel pe na bai dim anghyffredin yn eich cylch. Dechreuwch adrodd y stori a welir yn Luc 5 - sef hanes Pedr yn dal yr haig o bysgod.

Tua hanner ffordd trwy'r stori, gofynnwch i'r gynulleidfa a oes rhywbeth yn bod. Dywedwch eich bod yn sylweddoli bod cot law amdanoch a'ch bod yn cario ambarel. Oes yna reswm pam na fedrwch chi wneud hyn os dymunwch ? Ewch yn eich blaen i adrodd y stori.

Ar ôl adrodd y stori, caewch yr ambarel a thynnwch y got law oddi amdanoch. Soniwch ei bod hi'n bosib i bobl godi ambarel anweledig y tu mewn i'w calonnau. Y rheswm dros hyn yw am nad ydynt am i Dduw ddod yn rhy agos atynt. Gallwn ni gyd ddweud yn dawel fach wrth Dduw, 'Dos ymaith oddi wrthyf,' yn union fel y dywedodd Pedr. Pan ddywedodd Pedr hyn roedd e, mewn ffordd yn codi ei 'ambarel'. Beth oedd ymateb yr Iesu ? 'Paid ag ofni', oedd Ei eiriau.

Gall Duw weld i mewn i eithaf ein calonnau. Mae E'n gwybod ein bod ni'n bobl bechadurus, ond mae Duw am ein defnyddio yn union fel y defnyddiodd Bedr. "O hyn allan, dal dynion y byddi di" oedd geiriau'r Iesu wrth Pedr. Mae Duw yn dymuno ein llanw â'i Ysbryd Glân, gan drawsffurfio ein galwedigaethau diflas a'n defnyddio i wneud pob math o bethau cyffrous. Er mwyn i hyn ddigwydd, rhaid inni beidio ag ofni - rhaid inni gau ein 'hambarel ysbrydol' a chroesawu Duw i mewn i'n bywydau trwy nerth Ei Ysbryd Glân.

47. *Cleciwch Bant!*

Cyfeiriad Beiblaidd :	2 Corinthiaid 6 : 6 - 7; Actau 1 : 8
Y Neges :	Mae'r Ysbryd Glân yn ein llanw â nerth Duw
Cyfarpar Angenrheidiol :	Casgen glec ('party popper')

Dangoswch y gasgen glec a gofynnwch i'r plant beth sydd y tu mewn iddi. Mae wedi ei llenwi hyd yr ymylon â stribedi cul o bapur sidan - llathenni ohonyn nhw - ynghyd â ffrwydryn. Soniwch ychydig am sut a phryd y caiff y gasgen glec ei defnyddio a pha mor ddiwerth yw fel ag y mae. Rhaid i'r adnoddau cudd sydd y tu mewn iddi gael eu rhyddhau.

Mae Duw wedi rhoi'r Ysbryd Glân inni. Mae Ei nerth a'i einioes Ef wedi eu storio y tu mewn inni. Ond, rhaid inni beidio eu cadw oddi mewn inni - yn wir fedrwn ni ddim. Rhaid rhyddhau'r cariad, y gwirionedd, y ffydd a'r nerth sydd o'n mewner daioni i eraill. Ond, yn wahanol iawn i'r gasgen glec, po fwyaf y byddwn ni'n ei ryddhau, mwyaf yn y byd y bydd Duw yn ein hail-lenwi. Nawr 'te, pwy sydd am danio'r gasgen glec?

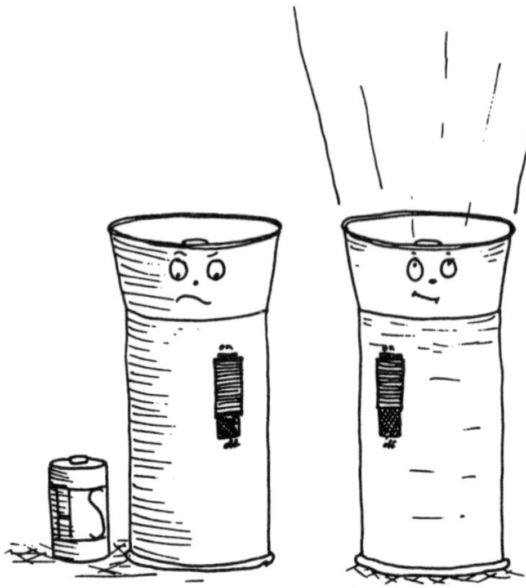

48. Daliwch i Dywynnu !

Cyfeiriad Beiblaidd : Actau 1 : 8

Y Neges : Dysgu bod yr Ysbryd Glân yn ein nerthu ac yn ein gwneud yn dystion

Cyfarpar Angenrheidiol : Tortsh gyda batri ar wahân

Dangoswch eich tortsh a gofynnwch i'r plant faint ohonyn nhw sydd â thortsh personol. Adroddwch stori am dortshis o gyfnod eich plentyndod, er enghraifft - darllen wrth olau tortsh o dan y dillad gwely neu fynd ar daith gerdded ganol nos.

Gwasgwch fotwm y tortsh - ond nid yw'n rhoi unrhyw olau ! Gadewch i un neu ddau o'r plant gael cip-olwg ar y tortsh er mwyn ceisio darganfod beth sy'n bod arno. Cyn bo hir fe sylwan nhw nad oes batri ym mol y tortsh.

Rydym ninnau, mewn ffordd, yn ddigon tebyg i dortsh, ac

mae'r Ysbryd Glân yntau, fel y batri.
Gall yr Ysbryd Glân ein troi ni'n dystion, yn union fel y bydd batri yn gwneud i'r tortsh dywynnu. Ni all tortsh fyth daflu golau ar ei ben ei hun, pa mor galed bynnag y bydd yn ceisio gwneud hynny.

Edrychwch ar Actau 1 : 8 gyda'ch gilydd. Mae'r Iesu yn addo y bydd dau beth yn digwydd pan fydd Ef yn rhoi'r Ysbryd Glân. Yn gyntaf, byddwn yn derbyn nerth. Yn ail, byddwn yn dystion Iddo. Pan ddaw'r Ysbryd Glân i drigo ynom byddwn yn derbyn nerth - nerth na fyddai'n bosib i ni ei gael fel arall, ac o ganlyniad rydym bellach yn dystion. Byddwn yn tywynnu dros Iesu Grist.

49. *Croendenau Iawn*

Cyfeiriadau Beiblaidd :	Ioan 16 : 8; Salm 51 : 3 - 5; 1 Ioan 1 : 8 - 9
Y Neges :	Mae Cristnogion yn sensitif iawn i bechod oherwydd presenoldeb yr Ysbryd Glân o'u mewn
Cyfarpar Angenrheidiol :	Pentwr o glustogau ar y llawr, gyda physen sych wedi ei chuddio oddi tanynt

Gofynnwch am wirfoddolwyr i eistedd ar y clustogau a gofynnwch iddyn nhw geisio dyfalu beth sydd wedi ei guddio oddi tanynt.

Oes rhywun yn gwybod y chwedl am y dywysoges a'r bysen ? Oherwydd ei bod yn dywysoges, gallai'r ferch ifanc hon deimlo unrhyw beth - hyd yn oed un bysen galed o dan fatras ei gwely wrth iddi gysgu. Dyna i chi stori ddwl ! Er bod ein croen yn dringar - yn sensitif iawn, ni all fyth fod yn ddigon sensitif i deimlo pysen o dan fatras.

Rydym ni, serch hynny, yn dywysogion a thywysogesau oherwydd ein bod yn blant i'r Brenin ! Bydd yr Ysbryd Glân, mae'n wir, yn ein gwneud ni'n sensitif iawn - nid i bŷs, ond i BECHODAU megis eiddigedd a chelwydd, hunanoldeb a natur bwdlyd, sorllyd. Ddylai neb ohonom synnu pan ddown ar draws y 'pŷs' yma yn ein bywydau, oherwydd mae Duw am i ni gyfaddef eu bod nhw yno yn y lle cyntaf ac yna cael gwared arnynt. Dim ond wedi inni gydnabod eu bod nhw yno y medrwn ni gael eu gwared. Heb gymorth yr Ysbryd Glân, fyddem ni ddim hyd yn oed yn sylweddoli eu bod nhw yno. Mae'r sensitifrwydd hwn yn rhan hanfodol iawn o waith yr Ysbryd Glân wrth iddo ein gwneud yn fwy fel Iesu Grist.

50. *Dyna i Chi Domen Sbwriel !*

Cyfeiriadau Beiblaidd : Galatiaid 5: 22 - 23 ; 2 Corinthiaid 3 : 18

Y Neges : Mae'r Ysbryd Glân ar waith ym mywyd y sawl sy'n credu ac yn creu cymeriad syfrdanol

Cyfarpar Angenrheidiol : Crafion o grwyn llysiau; gwrtaith o'r ardd neu gompost potio

Sgwrsiwch a holwch ambell gwestiwn am domenni compost. Beth yw tomen gompost ? Wyddoch chi am rywun sydd â thomen gompost neu wrtaith yn ei ardd / ei gardd? Beth sy'n cael ei osod ar y domen? Beth yw diben y domen?

Dangoswch eich crafion o grwyn llysiau. Pan gaiff rhain eu gosod allan yn yr ardd mewn pentwr ynghyd â sbwriel arall o'r ardd - pethau fel chwyn, bagiau te, porfa neu blisgyn ŵy - a'u gadael am rai misoedd, bydd rhyw newid mawr yn digwydd iddyn nhw. Bydd bacteria meicrosgopig a mwydod yn gweithio ar y crafion ac yn eu newid yn gompost neu'n wrtaith rhyfeddol. Dangoswch y gwrtaith.

Mae gwyrth debyg iawn yn digwydd ym mywyd Cristnogion. Bydd yr Ysbryd Glân yn gweithio ynom ni ac yn ein newid i fod yn bobl ffrwythlon. Defnyddiwch Galatiaid 5 : 22 - 23. Gan ddal y crwyn llysiau yn un llaw a'r compost yn y llall, rhestrwch ffrwythau'r Ysbryd a'r hyn sy'n wrthgyferbyniol iddynt. Bydd yr Ysbryd Glân yn newid ein diffyg amynedd yn amynedd, ein hangrediniaeth yn ffydd, ein hanobaith yn obaith, ac yn y blaen.

Datblygwch y syniad yn ôl y galw. Fedrwn ni ddim ein newid ni ein hunain - gan yr Ysbryd Glân yn unig mae'r nerth i'n newid. Rhaid inni fod 'ar ben y domen gompost' - yng nghanol cymdeithas o gredinwyr mewn capel neu eglwys - er mwyn i unrhyw newid ddigwydd. Mae modd i unrhyw hen grafion gael eu newid o fod yn sbwriel diwerth i fod yn bridd maethlon a ffrwythlon. Gall Duw gymryd bywyd unrhyw berson, ei newid a'i ddefnyddio er gogoniant i'w Enw Ef.

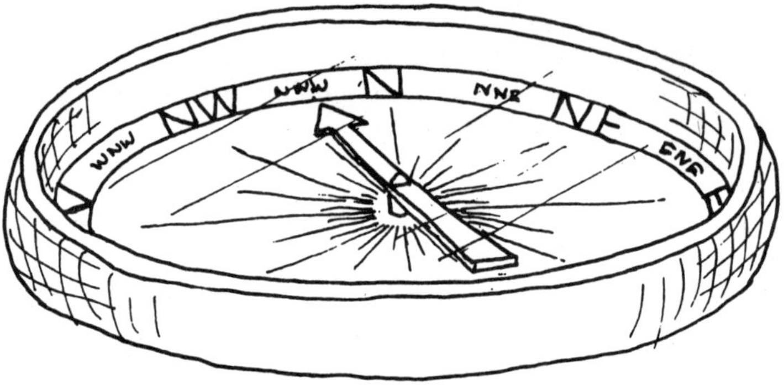

51. Pa Ffordd ?

Cyfeiriadau Beiblaidd : Eseia 30 : 21; Ioan 16 : 13 - 14

Y Neges : Yr Ysbryd Glân sy'n ein harwain

Cyfarpar Angenrheidiol: Cwmpawd

Gofynnwch i'r plant bwyntio i gyfeiriad y gogledd pan fyddwch yn rhoi'r arwydd iddyn nhw. Cymharwch eu hatebion yn ôl y cwmpawd. Yna ceisiwch ddrysu'r gynulleidfa trwy droi yn eich unfan, mynd i gornel neu sefyll ar ben cadair. Holwch ble mae Pegwn y Gogledd o'r gwahanol safleoedd hynny.

Ble bynnag y byddwn, bydd cwmpawd yn ein cyfeirio'n union tuag at y gogledd. Yr Ysbryd Glân yw'r 'tywysydd' neu'r 'arweinydd' sydd oddi mewn i'r Cristion. Darllenwch Ioan 16 : 13 - 14. Bydd yr Ysbryd Glân yn ein cadw ar y llwybr cywir, - llwybr y

Bywyd - sy'n ein cyfeirio bob tro at Iesu Grist.

RHAN 5

Y Beibl

52. Rhaid Wrth Y Ddau

Cyfeiriadau Beiblaidd :	Eseia 59 : 21; 2 Pedr 1 : 20
Y Neges :	Mae'r Ysbryd Glân a'r Beibl, y ddau gyda'i gilydd yn hanfodol i fywyd y Cristion
Cyfarpar Angenrheidiol:	Clo clap (padlock) ac allwedd i'w agor; tun o fwyd a theclyn agor tun; cnau a gefail gnau

Cychwynnwch trwy ddangos y clo a gofynnwch beth yw ei ddiben. Wedi derbyn rhai awgrymiadau, dechreuwch amau a yw'r atebion yn gywir. Wedi'r cyfan, does dim diben cael clo heb fod iddo allwedd. Ewch ati i ddangos bod yr un peth yn wir am y tun a'r gneuen.

Mae angen yr Ysbryd Glân arnom i'n cynorthwyo i ddarllen a deall y Beibl. Hebddo, nid yw'r Beibl yn ddim ond llyfr academaidd. Does dim bywyd ynddo. Mae'n union fel clo clap heb allwedd. Yn yr un modd, mae'r Ysbryd Glân ar ei ben ei hun, heb y Beibl, yn union fel yr allwedd heb y clo, neu'r teclyn agor tun heb y tun. Yr Ysbryd Glân sy'n cadarnhau Gair ysgrifenedig Duw. Rhoddodd Duw y ddeubeth i ni gyda'i gilydd. Dim ond pan fydd y ddau yn cydweithio y gall y Cristion fod yn sicr bod ganddo bopeth sydd ei angen ar gyfer ei fywyd yng Nghrist. Gadewch i ni fod yn ddisgyblion sy'n astudio Gair Duw yn ogystal â bod yn bobl sy'n llawn o'r Ysbryd Glân.

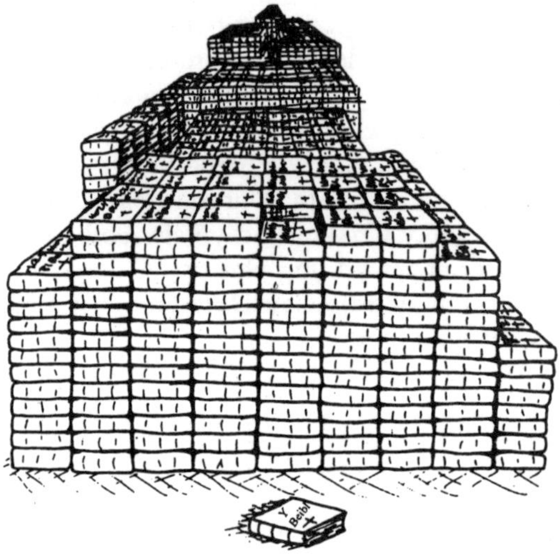

53. *Rhif 1 yn y Siartiau !*

Cyfeiriad Beiblaidd : 2 Timothy 3 : 16

Y Neges : Nid yw credu bod y Beibl yn Air Ysbrydoledig Duw yn afresymol o gwbl

Cyfarpar Abgenrheidiol: Arwydd mawr gyda'r geiriau 'Y Beibl' wedi eu hysgrifennu arno

Cychwynnwch trwy ofyn cyfres o gwestiynau sy'n dangos bod y Beibl yn ddogfen hanesyddol arbennig iawn. 'Y Beibl' yw'r ateb i bob cwestiwn, felly dewiswch wirfoddolwr i arddangos y garden â'r ateb arni ar ôl i chi ofyn pob cwestiwn. Dyma rai enghreifftiau o'r math o gwestiynau. Gellwch ychwanegu mwy o ffeithiau os oes angen:

Pa lyfr sy'n gwerthu orau drwy'r byd i gyd - Rhif Un yn siart y llyfrwerthwyr ?

Mae tri deg o filiynau o gopiau o'r llyfr hwn yn cael eu hargraffu a'u dosbarthu bob blwyddyn. Beth yw enw'r llyfr?

Pa lyfr sydd wedi ei gyfieithu i 1,200 neu fwy o ieithoedd?

Dyma'r unig lyfr yn y byd sy'n ail-adrodd dros 4,000 o weithiau, 'Dyma beth a ddywed yr Arglwydd' ?

Mae hen lawysgrifau o'r llyfr hwn yn cael eu gwerthu am hanner miliwn o bunnoedd. Pa lyfr ?

Pa lyfr sy'n cynnwys cannoedd o broffwydoliaethau sydd eisoes wedi cael eu gwireddu?

Hwn yw'r unig lyfr i broffwydo genedigaeth, marwolaeth ac atgyfodiad Iesu Grist? Enw'r llyfr ?

Hwn yw'r unig lyfr i broffwydo ail-eni hen genedl - sef Israel ? Ei enw ?

Pa lyfr a gymrodd 1,600 o flynyddoedd i'w gwblhau?

Ysgrifennwyd y llyfr hwn gan ddeugain a mwy o bobl ar draws tri chyfandir, dros gyfnod o 1,600 o flynyddoedd - gyda phob un fu'n gyfrifol am ysgrifennu rhywfaint ohono yn cytuno â'i gilydd? Enwch y llyfr.

Dyma'r unig lyfr yn y byd sydd â miloedd o lyfrau eraill wedi eu hysgrifennu yn sôn amdano. A'i enw?

Mae miloedd o hen lawysgrifau (wedi eu copio yn llythrennol â llaw) o'r llyfr hwn i'w cael. Ychydig iawn o wahaniaeth sydd rhwng y naill lawysgrif â'r llall. Beth yw enw'r llyfr gwreiddiol?

Pa lyfr y mae'n bosib i chi ei ddarllen drosodd a thro gan ddod ar draws rhywbeth newydd yn gyson?

A ydym ni'n ffôl i gredu mai Gair ysbrydoledig Duw yw'r Beibl? Na! Byth !

(Dyfynnwyd y ffeithiau o: Weiss,G. Christian, The Bible, Back to the Bible Publishers: Nebraska, UDA, 1962)

54. *Yn Siŵr o Barhau*

Cyfeiriadau Beiblaidd : Marc 13: 1 - 2; 13 : 31; Eseia 40: 8

Y Neges : Daw popeth i ben yn hwyr neu'n hwyrach, ond fe fydd Gair Duw yn parhau am byth

Cyfarpar Angenrheidiol : Dim

Dewiswch adeilad crand, enwog yn eich ardal (gall fod yr union gapel / eglwys sy'n do uwch eich pen nawr!) a thrafodwch fawredd a gogoniant ei bensaerniaeth.

Daeth disgyblion yr Iesu o Galilea, a oedd gryn dipyn o bellter o Jerwsalem. Mae'n bur annhebyg na fydden nhw wedi arfer â bywyd mewn dinas nac wedi gweld adeiladau mawreddog, rhwysgfawr. Beth oedd geiriau un ohonyn nhw wrth yr Iesu yn efengyl Marc 13 : 1 - 2?

Roedd y disgybl hwn, mae'n amlwg, wedi ei gyfareddu gan ysblander y deml. Oedd yr Iesu yn llawn edmygedd? Beth ddywedodd Ef fyddai'n digwydd? Tua deugain mlynedd wedi Ei farwolaeth a'i atgyfodiad gwireddwyd geiriau Iesu Grist. Dinistriwyd y deml yn gyfangwbl gan fyddinoedd Rhufain.

Yn Marc 13 : 31, dywedodd yr Iesu y byddai Ei eiriau yn parhau am byth. Dywed Eseia 40 : 8 y bydd Gair Duw yn para yn dragywydd. Fe fydd yr adeilad a ddewiswyd gennych yn diflannu rhyw ddiwrnod, ond fe fydd geiriau'r Beibl yn aros am byth. Dyna i chi ryfeddol !

55. *Yn Porthi'r Meddwl !*

Cyfeiriadau Beiblaidd : Eseciel 3: 1- 2; Datguddiad 10: 9 - 10

Y Neges : Dylai'r Beibl nid yn unig fwydo'n meddyliau ond dylai ddylanwadu'n llwyr ar ein henaid

Cyfarpar Angenrheidiol: Pecyn o eisin cacen y gellir ei rolio (neu bapur reis); hylif lliwio bwyd

(SYLWER : Bydd angen paratoi'r anerchiad hwn o leiaf un diwrnod ymlaen llaw.)

Rholiwch yr eisin (sy'n debyg i glai) i ffurfio siâp hirsgwâr, tua chwe modfedd (15.5cm.) x pedair modfedd (10cm), a thua chwarter i hanner modfedd (1cm) o drwch. Dylech fowldio'r eisin i edrych fel llyfr. Pa fydd wedi caledi, peintiwch y geiriau 'Y Beibl' neu 'Gair Duw' ar y tu blaen gyda'r hylif lliwio bwyd. Neu defnyddiwch bapur reis i'r un diben. Byddwch ofalus wrth ei symud o'r naill le i'r llall !

Cychwynnwch eich sgwrs trwy siarad yn gyffredinol am bwysigrwydd y Beibl. Cyflwynwch eich Beibl newydd - rydych yn falch iawn ohono! Yna syfrdanwch y gynulleidfa trwy ddechrau ei fwyta. (Fe fydd yn wir yn felys fel mêl yn eich genau!)

Tystiwch nad yw'r hyn rydych chi'n ei wneud yn anarferol o gwbl oherwydd dywedwyd wrth ddau berson yn y Beibl am wneud yr union beth hynny. Gofynnwch i wirfoddolwyr ddarllen y ddau gyfeiriad Beiblaidd.

Holwch yr ieuenctid pam, yn eu barn nhw, y dywedwyd wrth Ioan ac Eseciel am fwyta Gair Duw fel pe bai'n fwyd.

Fel arfer, byddwn yn derbyn Gair Duw trwy ein meddyliau. Ond d'yw hynny'n werth dim i'r un ohonom os bydd yn aros yn ein hymennydd fel casgliad o ffeithiau a 'Gwybodaeth Feiblaidd'. Mae Duw yn dymuno i ni 'fwydo' ar Ei Air fel ei fod yn treiddio'n gyfangwbl trwy ein heneidiau . Rhaid i'r Beibl ddylanwadu ar ein teimladau, ein geiriau a'n gweithredoedd yn ogystal â'n meddyliau - yn union fel mae'r bwyd y byddwn ni'n ei fwyta yn treiddio trwy ein cyrff cyfan gan roi inni'r nerth sydd ei angen arnom.

56. Cadwch at y Rysáit !

Cyfeiriad Beiblaidd : 2 Timotheus 3 : 16 - 17

Y Neges : Rhoddwyd y Beibl inni er mwyn i bob un ohonom fedru byw ein bywyd yn unol â chynlluniau Duw

Cyfarpar Angenrheidiol : Ffedog; powlen gymysgu; llwy bren; rysáit ar gyfer Teisen Fictoria; cynhwysion, gan gynnwys jam, siwgr a halen

Gwisgwch y ffedog, gafaelwch yn y llwy bren a chyhoeddwch eich bod yn barod i fynd ati i wneud Teisen Fictoria.

Darllenwch y rysáit, un cam ar y tro a dilynwch y cyfarwyddiadau, gan adael i bawb weld yn eglur yr hyn rydych yn ei wneud. Gwnewch gamgymeriadau bwriadol- e.e ychwanegu cyfanswm anghywir o ambell eitem a chyfnewid un cyhwysyn am un arall - defnyddiwch jam yn lle wyau, neu halen yn lle blawd. Wrth i chi gymysgu'r cynhwysion , soniwch am gymaint y byddwch chi'n mwynhau bwyta teisen Fictoria a'ch bod yn edrych ymlaen yn fawr at gael blasu hon.

Dangoswch gynnwys y fowlen i'r plant ac anogwch ymateb anffafriol tebyg i 'Ych a fi !' . Os dymunwch, gellwch ddangos teisen arall ar yr un pryd gan ddweud , 'A dyma un wnes i'n gynharach !'

Tynnwch eich ffedog a phwysleisiwch y ffaith bod rhaid i ni ddilyn y rysáit yn ofalus pan fyddwn wrthi'n gwneud teisen, neu fe fydd hi'n blasu'n ofnadwy. Mae Duw wedi rhoi rysáit inni, nid ar gyfer gwneud teisennau, ond ar gyfer ein bywydau. Codwch Feibl yn eich llaw a'i ddangos yn uchel. Yn anffodus, bydd llawer iawn o bobl yn anwybyddu yr hyn sydd gan Dduw i'w ddweud ac yn meddwl y gallant gredu a gwneud fel y mynnant. Byddan nhw'n cynllunio'u rysáit wrth fynd ymlaen. Dywed Duw yn Ei Air bod y ffordd hon o fyw yn arwain i ddistryw.

Dywedwch eich bod yn gwybod am un neu ddwy / ddau sydd gystal cogydd / es fel eu bod yn gwybod y rysáit ar eu cof. Gadewch inni ddod i wybod cynnwys ein Beibl yn well er mwyn inni fedru dilyn canllawiau Duw hyd eithaf ein gallu.

57. *Atlas yr Arglwydd*

(Y cyntaf mewn cyfres o dri anerchiad ar y Beibl)

Cyfeiriadau Beiblaidd : 2 Timotheus 3 : 16

Y Neges : Os ydym am wybod am Dduw, yna y Beibl yw'r cyfeirlyfr gorau

Cyfarpar Angenrheidiol : Atlas

Dangoswch yr atlas a denwch y plant i sgwrsio am ei natur a'i amcan. Fedrwn ni ddim gweld yn bell iawn gyda'n llygaid. Mae atlas yn rhoi i ni 'olwg o bell' fel petai.

Os ydym am wybod sut un yw Duw, pa lyfr ddylem ni ei ddefnyddio? Unwaith eto, does dim llawer o ddiben inni edrych o'n cwmpas. Mae'r Beibl yn rhoi inni ddarlun o hirbell, yn ddigon tebyg i atlas. Dywed wrthym mor odidog a gogoneddus yw Duw a sut gymeriad sydd ganddo. Mae'n dweud wrthym sut y lluniodd Ef y byd a sut y creodd ddynion a gwragedd. Mae'n sôn wrthym mai Ef sydd yn gyfangwbl gyfrifol am hanes a bod ganddo gynlluniau arbennig ar gyfer y dyfodol.

Os ydym am wybod mwy am ddaearyddiaeth y byd, yna byddwn yn pori trwy atlas. Os ydym am ddarganfod mwy am gymeriad Duw a'i fwriadau a'i gynlluniau ar gyfer ein byd, yna rhaid inni fynd ati i ddarllen y Beibl.

58. *Dod i'w Adnabod Ef*

Cyfeiriadau Beiblaidd :	2 Timotheus 3 : 16; Mathew 7 : 24 - 27
Y Neges :	Y Beibl yw'r union lyfr y dylem ni ei ddarllen os ydym am adnabod Duw yn bersonol
Cyfarpar Angenrheidiol :	Atlas; map heolydd Prydain

Edrychwch ar yr atlas a ddefnyddiwyd yn yr anerchiad blaenorol a cheisiwch ddod o hyd i dudalen sy'n dangos i chi'r ffordd o'ch tref neu bentref i Lundain neu ddinas fawr arall. Dechreuwch edrych yn anfodlon a rhwysredig iawn a rhannwch eich problem gyda'r plant. Mae'n amlwg nad atlas yw'r math o fap sydd ei angen arnoch. Codwch y map o heolydd Prydain, trowch at y dudalen berthnasol a rhowch amlinelliad byr o'ch taith.

Os ydym am wybod y ffordd gywir i fyw ein bywydau, rhaid edrych yn y Beibl. Dyma ble mae gorchmynion chynlluniau Duw ar gyfer ein bywydau wedi eu hysgrifennu. Yn y 'Llyfr Dwyfol' mae Duw yn dweud wrth ddynoliaeth sut y gall pob un ohonom ddod i'w adnabod Ef a byw ein bywydau gyda Iesu Grist yn Arglwydd ac yn Waredwr personol.

Mae'r Beibl yn wir yn medru ein cynorthwyo i gyrraedd rhywle pendant! Mae dod i adnabod Duw yn ddigon tebyg i fynd ar daith, ac er mwyn dod o hyd i'r ffordd iawn mae gofyn inni astudio map heolydd Duw : y Beibl.

59. Pob Manylyn yn ei Le

Cyfeiriad Beiblaidd :	2 Timotheus 3 : 16
Y Neges :	Mae'r Beibl yn rhoi cyfarwyddyd inni ynglŷn â phob manylyn yn ein bywydau
Cyfarpar Angenrheidiol :	Atlas; map heolydd; map o dref

Cymrwch arnoch eich bod wedi derbyn gwahoddiad i dŷ rhywun mewn stryd fechan yn eich tref. Wyddoch chi ddim yn hollol ble mae'r lle. Edrychwch yn gyntaf ar eich atlas, ac yna ar y map heolydd. Fydd y rhain o ddim cymorth i chi. Beth ddylech chi ei wneud?

Os ydym am wybod ble mae lleoliad stryd arbennig yn ein tref, bydd angen dod o hyd i fap gyda graddfa llai o faint : map stryd, neu Fap Ordnans. Mae'r mapiau hyn yn cynnwys y manion lleiaf megis tai, capeli, eglwysi a pharciau.

Mae'r Beibl yn llyfr mor rhyfeddol. Dywed wrthyf bopeth sydd angen i mi ei wybod am bob manylyn yn fy mywyd. Mae'n bwysig iawn ac yn berthnasol i bob un ohonom fel unigolion, bob dydd o'n hoes.

Ceisiwch gael y plant i ddisgrifio sut y gall y Beibl fod yn addas ar gyfer byw o ddydd-i-ddydd. Does dim yn ein bywydau sy'n rhy fach ac sy' heb fod o ddiddordeb i Dduw. Mae POPETH o ddiddordeb iddo Ef. Dywed y Beibl wrthym beth i'w wneud os oes ofn arnom neu os ydym mewn penbleth. Mae'n dweud wrthym y gallwn ddibynnu ar Dduw ym mhob sefyllfa. Mae'n dweud wrthym bod Duw gyda ni BOB AMSER.

Mae'r Beibl yn llyfr mor bwysig. Dyma ein cyfeirlyfr mwyaf gwerthfawr. Gosododd Duw y cyfan rhwng cloriau'r llyfr rhyfeddol ac unigryw hwn!

RHAN 6

Yr Eglwys

60. Jigsô Rhyfeddol Duw

Cyfeiriadau Beiblaidd : 1 Corinthiaid 12 : 12; Datguddiad 7 : 9

Y Neges : Mae'r Iesu yn adeiladu Ei eglwys

Cyfarpar Angenrheidiol: Uwch-daflunydd; jigsô 'darnau-mawr' gyda nifer fach o ddarnau; jigsô gyda channoedd o ddarnau. (Nid oes wahaniaeth am y darluniau ar y posau hyn.)

Trefnwch y jigsô 'darnau-mawr' hwnt ac yma ar wyneb yr uwch-daflunydd. Gofynnwch am wirfoddolwr i ddod i'r blaen i'w gwblhau. Fe fydd cysgodion y darnau yn cael eu harddangos, ynghyd â'r dwylo wrth i'r jigsô gael ei roi ynghyd. Wrth i hyn ddigwydd, defnyddiwch y jigsô i ddarlunio sut y mae'r Iesu yn gosod ynghyd y bobl yn eich eglwys / capel chi. Mae pob aelod unigol wedi ei gysylltu wrth bob un aelod arall mewn cariad ac undod. Mae gan bob person, p'un ai yw'n iau neu'n hŷn, ran hanfodol i'w chwarae. Defnyddiwch enghreifftiau o'ch sefyllfa bersonol i ddangos pa mor bwysig yw pob un ohonom.

Pan fydd y pôs wedi ei gwblhau, tynnwch y jigsô ac arllwyswch y jigsô gyda'r darnau mân ar wyneb yr uwch-daflunydd. Mae pob darn mor bitw fach - fe fydd y jigsô hwn yn cymryd hydoedd i'w orffen. Mae hyn yn debyg iawn i'r Eglwys y mae'r Iesu yn ei hadeiladu ar draws y byd. Mae gan yr Eglwys hon filiynau dirif o aelodau, ac yma eto, mae gan bawb ran bwysig, dyngedfennol i'w chwarae.

Darllenwch Datguddiad 7 : 9 ar goedd.

61. *Wnaiff yr Eglwys Go Iawn Sefyll ar ei Thraed?*

Cyfeiriadau Beiblaidd : Mathew 16 : 18; Philemon 1 - 2; 1 Pedr 2 : 5, 9

Y Neges: Pobl, nid adeilad yw gwir ystyr y gair 'Eglwys'

Cyfarpar Angenrheidiol: Dim

Chwaraewch y gêm 'Mae Seimon yn dweud' gan ddefnyddio enw eich eglwys / gapel gyda phob cyfarwyddyd. Er enghraifft :

Mae Seimon yn dweud : Eglwys Seion, sefwch ar eich traed.
Mae Seimon yn dweud : Eglwys Seion, chwifiwch eich breichiau yn yr awyr.
Mae Seimon yn dweud : Eglwys Seion, neidiwch i fyny ac i lawr.
Eisteddwch.

Mae Seimon yn dweud : Eglwys Seion, eisteddwch.

Ewch yn eich blaen fel hyn :

Mae Seimon yn dweud : Eglwys Seion, chwiliwch am Mathew 16 , adnod 18.
Mae Seimon yn dweud : Eglwys Seion, darllenwch Mathew 16, adnod 18 ar goedd.
Mae Seimon yn dweud : Adeilad yr Iesu, sefwch ar eich traed.
Mae Seimon yn dweud : Eglwys Seion, chwiliwch am Philemon 1 - 2
Mae Seimon yn dweud : Eglwys Seion, darllenwch Philemon 1 - 2 ar goedd.
Yr Eglwys sy'n cwrdd yn nhŷ Philemon, eisteddwch i lawr.
Mae Seimon yn dweud : Yr Eglwys sy'n cwrdd yn Seion, eisteddwch i lawr.

Y Bobl yw'r Eglwys ac mae'n bosib i'r Eglwys honno gyfarfod yn unman, does wahaniaeth ble. Does dim yn gysegredig ynghylch adeiladau. Y bobl sy'n cyfrif wedi'r cyfan, nid y brics!

62. .... yw Cartref (1)

Cyfeiriadau Beiblaidd :	Exodus 25 : 8; 40 : 33 - 34
Y Neges :	Mae Duw eisiau gwneud Ei gartref ymysg pobl gan fyw mewn undod â nhw
Cyfarpar Angenrheidiol:	Darn hir o gorden; lliain gwely; dyfyniadau o'r Beibl wedi'u hysgrifennu ar dryloyw uwch-daflunydd (gellir ei hepgor); deiagram o'r Tabernacl ar dryloyw uwch-daflunydd (gellir ei hepgor)

Codwch babell dros dro trwy ofyn i ddau wirfoddolwr ddal y gorden yn dyn, taenu'r lliain gwely drosti a chael pedwar gwirfoddolwr arall - un i bob cornel - i ddal y lliain. Oes unrhyw un yn gallu dychmygu Duw yn byw mewn pabell? Do'n wir, fe fu Ef yn byw mewn pabell ! Roedd pobl Israel yn byw mewn pebyll ac roedd Duw yn dymuno byw yn eu plith, felly dyma'r Creawdwr Ei hun yn trigo mewn pabell.

Gosodwch Exodus 25 : 8 ar yr uwch-daflunydd a gofynnwch i bawb ei darllen gyda'i gilydd. Ble'r oedd Duw yn dymuno byw? Yng nghanol y bobl!

Esboniwch bod Duw wedi rhoi cyfarwyddiadau gofalus i Moses sut oedd codi pabell arbennig ar Ei gyfer oherwydd roedd Duw am i'w gartref newydd fod yn union yr un fath â'r un sydd ganddo yn y Nefoedd. (Buasai llun-gopi neu ddarlun ar ddryloyw uwch-daflunydd o'r Tabernacl yn ddefnyddiol yn y fan hon.) Roedd ar Dduw angen Ei bethau personol arbennig yn y babell - canhwyllbren ac allor. Caiff popeth ei esbonio yn llyfr Exodus.

Ewch ymlaen gan arddangos Exodus 40 : 33b - 34 ar yr uwch-daflunydd a darllenwch y dyfyniad gyda'ch gilydd. Beth ddigwyddodd pan oedd Moses wedi dilyn holl gyfarwyddiadau Duw a'r babell wedi ei chwblhau? Llanwyd y lle gan bresenoldeb Duw. Roedd Ef ei hun yno mewn gwirionedd, yno yn y canol ymhlith Ei ddewis bobl!

63. .... yw Cartref (2)

Cyfeiriadau Beiblaidd : 1 Brenhinoedd 6 : 1; 8 : 10 - 11

Y Neges : Adeiladodd Solomon Deml yn Jerwsalem a daeth y Deml hon yn drigfan newydd Duw ar y ddaear

Cyfarpar Angenrheidiol : Model o deml wedi ei gwneud allan o friciau bychain sy'n cyd-gysylltu (neu bentwr o friciau fel bod un neu ddau o'r plant yn medru adeiladu model tebyg); dyfyniadau Beiblaidd ar dryloyw uwch-daflunydd (gellir ei hepgor)

Dangoswch eich model, neu os yw amser yn caniatáu, gofynnwch i un neu ddau o'r plant gynllunio model o deml. (Gellid gwneud hyn yn ystod canu emyn / corws neu eitem arall.)

Adolygwch gynnwys y sgwrs flaenorol. Dywedwch wrth y plant sut y bu i Dduw addo gwlad i'r Iddewon lle y bydden nhw'n gallu ymgartrefu. Ymhen hir a hwyr symudodd cenedl Dduw i wlad Canan.

Gosodwch 1 Brenhinoedd 6 : 1 ar yr uwch-daflunydd a gofynnwch i bawb ddarllen yr adnod. Esboniwch bod rhai darnau o'r celfi yn dal yn nwylo'r bobl ond bod y babell arbennig ei hun wedi gwisgo tu hwnt i'w thrwsio ar ôl 480 o flynyddoedd. Roedd y Deml a adeiladodd Solomon yn ddigon tebyg i'r babell o ran cynllun.Gallwn ddarllen yr hanes i gyd yn 1 Brenhinoedd 6 - 8.

Gosodwch 1 Brenhinoedd 8 : 10 - 11 ar yr uwch-daflunydd gan ddarllen y darn gyda'r gynulleidfa. Dyna ryfeddol! Yn union fel llanwyd y babell gan bresenoldeb Duw, felly hefyd llanwyd y Deml gan bresenoldeb Duw ! Gwyddai'r brenin Solomon bod y bydysawd i gyd yn rhy fychan i gynnwys Duw. Ond roedd Duw yn awyddus iawn i fyw yng nghanol Ei bobl ac fe symudodd yn syth i mewn i'w gartref newydd.

64. .... *yw Cartref (3)*

Cyfeiriadau Beiblaidd :	Mathew 1 : 23; Ioan 2 : 21 ; Mathew 17 : 2
Y Neges:	Roedd yr Iesu yn 'Dduw yn trigo yn ein plith' pan oedd yn fyw ar y ddaear
Cyfarpar Angenrheidiol:	Sliperi; cadair gyfforddus neu sach ffa ('bean bag'); papur dyddiol neu lyfr

Arddangoswch yr eitemau o flaen y plant. Eisteddwch yn y gadair gan ddangos eich bod yn ymlacio, gwisgwch y sliperi a chodwch y llyfr. Dywedwch eich bod yn hynod gyfforddus ac mor gynnes a diddos yw'r sliperi. Rydych yn teimlo'n hollol gartrefol.

Disgrifiwch sut y dechreuodd pobl Dduw anghofio am Dduw wrth i'r blynyddoedd gerdded yn eu blaenau. Symudodd estroniaid i mewn i'r wlad gan ddinistrio teml fendigedig Solomon. Serch hynny, roedd Duw yn dal eisiau byw ymhlith dynion, felly fe benderfynodd wneud rhywbeth arbennig iawn yn wir. Gwnaeth Ei hun yn gartrefol ymhlith dynion trwy ddod yn bersonol i fyw yn eu canol!

Darllenwch Mathew 1 : 23 gyda'ch gilydd oddi ar yr uwch-daflunydd. Roedd Duw yn awr gyda ni, nid mewn pabell neu deml, ond mewn person - baban bychan i gychwyn! Yna darllenwch Mathew 17 : 2 fel cynulleidfa. Disgleiriodd presenoldeb llachar Duw ym mherson Iesu Grist ar yr un achlysur hwn yn unig. Dim ond tri o'r disgyblion welodd yr olygfa fythgofiadwy.

Mae'r Beibl yn dysgu'n hollol eglur mai Duw Ei Hun oedd yr Iesu. Ganwyd Duw yn faban a bu'n byw ymhlith pobl am 33 o flynyddoedd. Disgrifiodd yr Iesu ei hun fel Teml Dduw - trigfan neu gartref Duw (Ioan 2 : 21).

65. .... yw Cartref (4)

Cyfeiriadau Beiblaidd : Actau 2 : 2 - 4 ; Effesiaid 2 : 22 ; Mathew 18 : 20 ; 1 Corinthiaid 3 : 16

Y Neges : Cartref Duw ar y ddaear yw Ei Eglwys

Cyfarpar Angenrheidiol: Dalen fawr o bapur glân

Dangoswch y ddalen wag a chymrwch arnoch mai darlun o dŷ godidog sydd gennych. Disgrifiwch y gerddi, y pwll nofio, y fynedfa lydan a.y.b. Torrwch ar draws y disgrifiad trwy ofyn, 'Welwch chi e?' Pan ddaw'r ymateb pendant 'Na!' oddi wrth y gynulleidfa, gosodwch y ddalen o'r neilltu gan esgus eich bod braidd yn ddiamynedd, Dywedwch y byddwch yn dod nôl at y darlun eto yn nes ymlaen.

Crynhowch gynnwys y sgyrsiau blaenorol. Esboniwch sut y bu i'r Iesu ddychwelyd i'r Nefoedd pan ddaeth Ei weinidogaeth ar y ddaear i ben. Ond doedd Duw ddim yn dymuno peidio byw ymysg dynion oherwydd hyn. Dim o bell ffordd ! Os rhywbeth, roedd Duw yn fwy awyddus fyth i drigo yng nghanol pobl !

Darllenwch Actau 2 : 2 - 3 gyda'ch gilydd. Daeth presenoldeb Duw i lawr o'r Nefoedd unwaith yn rhagor, nid i lanw pabell neu deml, ond i lanw'r disgyblion, pob un gyda'i gilydd ! Mae'r Ysbryd Glân yn barod i lenwi neu ddod i fyw ym mherson unrhyw un sy'n credu yn yr Arglwydd Iesu ac sy'n barod i edifarhau am ei bechodau. Ymysg Cristnogion o bob iaith a chenedl - gydag aelodau Ei Eglwys fyd-eang -y mae cartref daearol Duw.

Darllenwch neu arddangoswch Effesiaid 2 : 22 er mwyn pwysleisio'r pwynt hwn. Dangoswch y ddalen unwaith eto. Nid oes unrhyw waliau, na gardd, na phwll nofio yng nghartref Duw. Ond mae'n lle godidog ! Mae pob un ohonom sy'n credu yn Iesu Grist yn Dŷ i Dduw!

I orffen, os dymunwch, gofynnwch i bob un ysgrifennu ei enw neu dynnu llun ohono'i hun ar y darn papur.

66. *Dyna i chi Gymysgedd !*

Cyfeiriadau Beiblaidd : 1 Corinthiaid 12 : 5 - 6, 27 - 30 ; 1 Pedr 4 : 10

Y Neges: Mae gan bob un ran arbennig i'w chwarae yn yr Eglwys

Cyfarpar Angenrheidiol : Casgliad amrywiol o offer cegin, gan gynnwys rhai anarferol

Dangoswch eich casgliad, a holwch y plant beth yw diben pob teclyn.

Defnyddir pob teclyn ar gyfer tasg wahanol - tasg arbennig. Eto i gyd, mae pawb yn cytuno mai ar gyfer eu defnyddio yn y gegin y cynlluniwyd pob un. Bydd pobl yn hoffi cael yr union declyn cywir ar gyfer taclo rhyw dasg arbennig. Dyna berson clyfar a chreadigol yw dyn. Mae'n gallu llunio a chreu teclyn perffaith sy'n ateb y galw bob tro.

Wyddoch chi beth - mae Duw yn greadigol iawn hefyd. Fe greodd Ef bob un ohonom. Rydym yn addas ar gyfer ein rhoi ar waith i ateb sawl diben ac i gyflawni nifer o wahanol dasgau. Ond dyma brif amcan Duw yn ein creu : er mwyn inni Ei OGONEDDU Ef a CHLODFORI Ei Enw. Rhowch enghreifftiau o'r cyfeiriadau Beiblaidd uchod, neu ewch ati i ddisgrifio nifer o bobl sydd yn eich plith - pob un â'i swyddogaeth wahanol oddi mewn i Eglwys Dduw.

67. *Dyna i Chi Dwrw !*

Cyfeiriadau Beiblaidd : Salm 133 ; Ioan 17 : 11, 20 - 23

Y Neges : Mae Duw am i'w bobl gyd-weithio a chyd-fyw yn gytûn

Cyfarpar Angenrheidiol : Casgliad amrywiol o offerynnau taro, e.e. triongl, maraca, drwm - beth bynnag sydd wrth law

Gofynnwch am wirfoddolwyr (rhai heb fod yn rhy ifanc !) i ddod i'r blaen i berfformio ar yr offerynnau. Ar y gair 'Perfformiwch' neu 'nawr' dylai pob un gyd-chwarae tra'ch bod chi yn cyfrif i ddeg, wedyn tewi.

F'asech chi'n disgrifio'r sain fel un dymunol? Sut gellid gwella'r perfformiad ? Gadewch i'r plant awgrymu rhai gwelliannau. Gallai pob aelod o'r band taro berfformio yn ei dro, neu gadw at rhythm un alaw arbennig. Gofynnwch iddyn nhw gyd-chwarae unwaith eto, ond y tro hwn defnyddiwch un o'r awgrymiadau a gynigiwyd. Gobethio y bydd pawb yn cytuno bod hwn yn welliant sylweddol. Arbrofwch gydag un neu ddau syniad arall a gyflwynwyd. Pa un ym marn y gynulleidfa oedd yn swnio orau ?

(Neu, os oes nifer o gerddorion yn bresennol, trefnwch ymlaen llaw bod pob un ohonyn nhw, ar ôl derbyn arwydd gennych chi, yn perfformio gyda'i gilydd - ond bod pob un yn chwarae alaw wahanol. Trafodwch pa mor ofnadwy oedd y sŵn, a gofynnwch a oedd unrhyw un yn medru adnabod rhai o'r alawon unigol. Yna dewiswch un o'r alawon a gwahoddwch y grŵp i'w pherfformio gyda'i gilydd.)

Yna, ewch ymlaen i ofyn i un person ddarllen Salm 133 neu Ioan 17 : 21, ac esboniwch yr adnodau yn eich geiriau eich hunan.

Cafwyd yr holl seiniau byddarol ac aflafar hynny ar y cychwyn oherwydd roedd pawb a wahoddwyd i berfformio yn gwneud fel y mynnai, heb ystyried neb arall o gwbl. Mae'n ddigon posib i bob un ohonom fyw ein bywydau fel hyn - dilyn ein mympwy gan blesio ni'n hunain yn unig drwy'r amser. Mae'n gas gan Dduw hunanoldeb o unrhyw fath. Mae Ef am inni gyd-weithio mewn cariad a gofalu am ein gilydd.

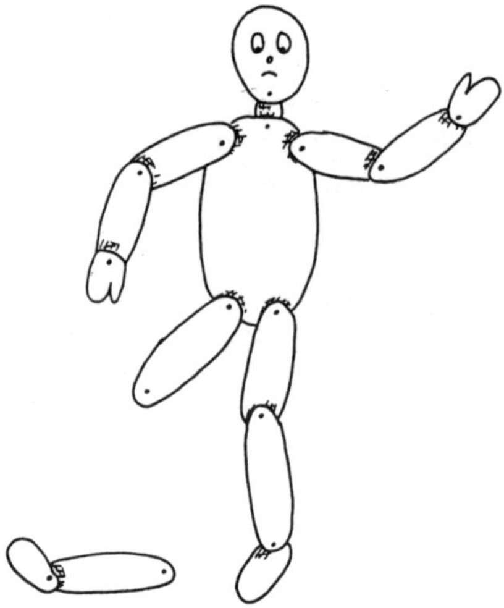

68. *Iaith y Corff*

Cyfeiriad Beiblaidd :	1 Corinthiaid 12 : 12 -31
Y Neges :	Mae modd inni gymharu'r Eglwys yn lleol gyda chorff dynol
Cyfarpar Angenrheidiol :	Nifer o fachau papur; amlinelliad cardfwrdd o wahanol rannau'r corff : dwy goes, dwy droed, dwy fraich, dwy law, corff a phen. Torrwch dyllau yn y mannau priodol er mwyn i'r bachau papur ddal y gwahanol rannau ynghyd pan fo'u hangen

Dangoswch wahanol rannau'r corff i'r plant, un aelod ar y tro, gan sylwi wrth fynd ymlaen pa mor amrywiol ydynt o ran siâp a defnyddioldeb.

Disgrifiodd Paul yr Eglwys yng Nghorinth fel aelodau o gorff dynol. Darllenwch rai adnodau o 1 Corinthiaid 12 er mwyn egluro'ch pwynt.

Rydym ni, Gristnogion, mor hurt a chwerthinllyd ar ein pennau'n hunain ag yw'r rhannau hyn o'r corff dynol. Rydym yn perthyn i'n gilydd. Yr un gwaed sy'n rhedeg trwy wythiennau pob un ohonom - yr Ysbryd Glân (ad.13). Gallwn fod yn wahanol iawn i'n gilydd - o wahanol genhedloedd, yn wahanol o ran cymeriad, yn hen neu'n ifanc (ad.13) - ond rydym yn union fel un corff. Mae gan bob un ohonom wahanol ran i'w chwarae. Dylai pob un ohonom fod yn gymar i'r llall a dylem wasanaethu ein gilydd. Ni all y geg fwyta heb gymorth y dwylo, ac yn y blaen.

Rhaid inni gyd ymuno â'r corff. Does dim un ffordd arall yn bosib. Gofynnwch i wirfoddolwr osod rhannau'r corff wrth ei gilydd gan ddefnyddio'r bachau papur.

Gofynnwch i bawb gydio ym mreichiau neu ddwylo ei gilydd. Gellir canu emyn / corws gan gerdded o gwmpas yr ystafell os dymunwch.

69. *Gwrthwynebiad*

Cyfeiriadau Beiblaidd :	Actau 5 : 17 - 21 ; 1 Pedr 4 : 12 - 16 ; Hebreaid 13 : 3
Y Neges :	Mae'n bosib y bydd pobl sy'n dilyn yr Iesu yn profi gelyniaeth ac erledigaeth
Cyfarpar Angenrheidiol :	Darnau o gardfwrdd tua 18 modfedd (46 cm) sgwâr, wedi eu torri i edrych fel barrau carchar

Bydd angen gwirfoddolwyr arnoch sy'n fodlon cael eu hanfon i garchar. Am bob bar sydd gennych, casglwch yr un faint o unigolion, namyn un, a gofynnwch iddyn nhw sefyll mewn rhes yn y blaen.

Holwch y gynulleidfa pa drosedd fyddai'n dedfrydu'r 'troseddwr ' cyntaf i gyfnod o garchar. Cyn gynted ag y bydd rhywun yn enwi rhyw drosedd yn erbyn y gyfraith, anfonwch y gwirfoddolwr hwnnw i garchar trwy roi iddo / iddi sgwâr o gardfwrdd i'w ddal o flaen yr wyneb. Gofynnwch am ragor o wahanol droseddau nes bod y gwirfoddolwyr i gyd 'dan glo yn y carchar'.

Mae un sgwâr gennych ar ôl. Codwch hwn yn eich llaw a darllenwch neu adroddwch y stori o Actau 5. A oes rheswm arall weithiau pam y bydd unigolyn yn cael ei garcharu ? Edrychwch ar 1 Pedr 4 : 12 - 16.

Mewn sawl gwlad dros y byd heddiw, yn union fel ag yr oedd yng nghyfnod yr apostolion, mae bod yn Gristion yn drosedd yn erbyn cyfraith y wlad arbennig honno. Ond, ar waethaf hyn, dywed 1 Pedr 4 : 12 - 16 wrthym bod dioddef dros yr Arglwydd Iesu Grist yn anrhydedd.

Os dymunwch, soniwch am wlad lle mae Cristnogion yn dioddef dros eu ffydd. Gweddïwch drostyn nhw, gan ddarllen Hebreaid 13 : 3.

RHAN 7

Y Bywyd Cristnogol

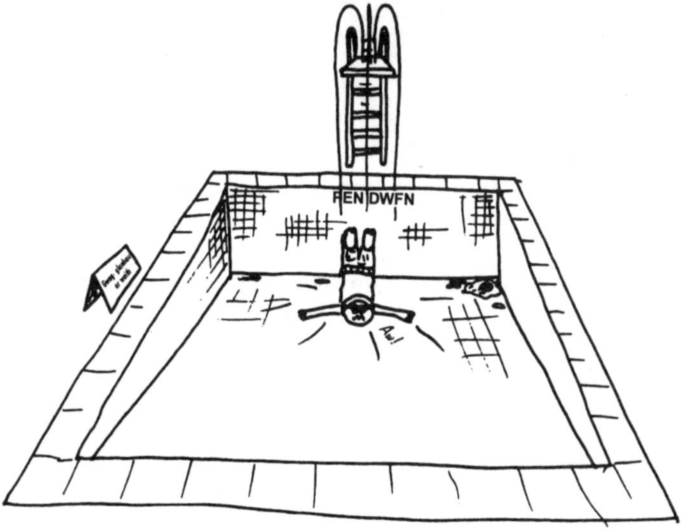

70. Plymio i'r Dwfn

Cyfeiriad Beiblaidd : Rhufeiniaid 3 : 28

Y Neges : Nid cyflawni gweithredoedd Cristnogol sy'n eich gwneud chi'n Gristion - ond yn hytrach, rhoi eich ffydd yn yr Arglwydd Iesu

Cyfarpar Angenrheidiol: Llyfr 'dysgu nofio' o'r llyfrgell leol; cymaint o gyfarpar nofio ag sy'n bosib - e.e. gogls, siorts Bermuda, 'flippers' a het; lliain sychu

Cyhoeddwch eich bod yn mynd i ddysgu nofio. Rhaid taro tra bo'r haearn yn boeth! Gwisgwch y taclau nofio dros ben eich dillad a dangoswch eich llyfr. Agorwch y llawlyfr gan ddechrau darllen ar dudalen addas.

Ewch ati i ddangos rhai symudiadau coes a braich. Cymrwch arnoch eich bod yn dod yn eich blaen yn rhyfeddol erbyn hyn. Rydych yn falch iawn ohonoch chi eich hun ac yn ddigon bodlon cyfaddef eich bod yn nofiwr reit dda. Roedd y cyfan yn llawer haws nag a feddylioch chi erioed. Gorffennwch trwy ddweud eich bod mor falch na fu'n rhaid i chi fynd yn agos at y pwll nofio, oherwydd bod ofn dŵr arnoch. Tynnwch y dillad nofio oddi amdanoch gan eu rolio a'u gosod yn y lliain sychu. Mae eich gwrhydri wedi eich plesio'n fawr - dangoswch hynny yn eich osgo. Gofynnwch i'r plant a ydyn nhw'n eich edmygu.

Cychwynnwch drafodaeth gyda'r gynulleidfa, gan ofyn beth oedd o'i le ar eich ymdrech i ddysgu nofio. A yw hi'n bosib i 'esgus' neu gymryd arnoch bod yn Gristion yn yr un ffordd? Er mwyn dysgu sut i nofio mae'n rhaid i ddyn fynd i mewn i'r dŵr. Sut mae mynd ati i gychwyn byw fel Cristion? Efallai bod rhai pobl yn ceisio gwneud 'strôc y Cristion' - e.e. bod yn dda, mynd i'r eglwys / capel, gweddïo a darllen y Beibl hyd yn oed. Er hynny, dydyn nhw erioed wedi cyflwyno eu bywydau i Iesu Grist. A yw hi'n bosib i berson fod yn ofni rhoi ei ffydd yn yr Arglwydd Iesu yn union fel y bydd ar rai pobl ofn dŵr ? Nid yw gwneud symudiadiau nofio ar dir sych yn eich gwneud chi'n nofiwr. Yn yr un modd, nid yw cyflawni gweithredoedd Cristnogol yn eich gwneud chi'n Gristion.

71. *'Credwn'*

Cyfeiriadau Beiblaidd : Hebreaid 11 : 6 ; Ioan 6 : 28 - 29

Y Neges : Ffydd yn yr Arglwydd Iesu yw'r peth pwysicaf y mae Duw yn gofyn amdano

Cyfarpar Angenrheidiol : Tryloyw ac uwch-daflunydd neu fwrdd du

Gofynnwch i'r plant ystyried y cwestiwn hwn : 'Sut berson sy'n bodloni neu blesio Duw?'

Gwrandewch ar eu hatebion heb wneud unrhyw sylw o gwbl. Yna gofynnwch i unigolyn chwilio am Ioan 6 : 28 - 29 gan ddarllen yr adnodau yn gyhoeddus. Rhyfeddol ! Credu yn yr Un a anfonodd Ef ei hun y mae Duw am inni ei wneud. Pwy oedd y person a anfonodd Duw ? Iesu Grist, wrth gwrs. Os ydym yn credu yn yr Arglwydd Iesu, rydym yn gwneud yr union beth y mae Duw am inni ei wneud.

Beth mae'r plant yn ei gredu am yr Iesu ? Holwch y gynulleidfa a chofnodwch eu hatebion ar yr uwch-daflunydd. Efallai y bydd angen i chi brocio'u cof hwnt ac yma er mwyn cael cyfres o osodiadau cytbwys. Wedi iddyn nhw orffen, ysgrifennwch ar frig y tryloyw 'Credo Soar' (neu beth bynnag yw enw eich capel, eglwys, clwb neu ysgol), a darllenwch y Credo gyda'ch gilydd. 'Credwn .....'

72. *'Rwy'n rhoi'r gorau iddi !*

Cyfeiriad Beiblaidd : Luc 19 : 1 - 10

Y Neges : Mae edifeirwch go iawn yn rhan hanfodol o fywyd y Cristion

Cyfarpar Angenrheidiol : Tryloyw ac uwch-daflunydd neu fwrdd du gyda sym hir wedi ei hysgrifennu arno -
e.e. 491 + 437 - 283 x 7 + 16 = ?

Esboniwch bod gennych broblem fathemategol i'w chwblhau cyn y byddwch chi'n barod i sgwrsio â'r plant. Dechreuwch ar y sym gan roi sylwebaeth wrth i chi fynd yn eich blaen. Gwnewch nifer o gamgymeriadau bwriadol wrth i chi fwrw ati, ac ewch mor bell â dyfalu rhai rhifau hyd yn oed! Mynnwch nad oes rhaid i chi fod yn berffith gywir trwy gydal y sym, ond rhowch y gorau iddi wedi i chi ddarganfod eich bod wedi gwneud llanast llwyr ohoni. Gwnewch yn siŵr eich bod yn dangos eich holl flerwch mathemategol trwy groesi atebion allan a.y.b. Wedi'r holl drafferth, rydych chi'n dal heb ddod o hyd i'r ateb terfynol.

Cyfaddefwch eich bod wedi eich llorio gan y dasg. Gofynnwch i rai o'r plant gywiro eich gwallau a chwblhau'r sym. Gall y lleill wirio eu hateb.

Esboniwch bod pob un ohonom yn gwneud llawer o gamgymeriadau a llawer o bethau drwg yn ystod ein bywydau - weithiau'n ddamweiniol, weithiau'n fwriadol. Bydd rhai pobl yn credu y bydd popeth yn iawn yn y pen draw os byddan nhw'n bwrw ati gan anwybyddu'r gwallau hyn. Nid dyna fel y dylai pethau fod, fel y gwelwyd yn achos y sym fathemategol. Does dim modd i Dduw anwybyddu pechodau - mae'n rhaid eu cywiro.

Ewch ati i adrodd neu ddarllen stori Sacheus, gan sylwi sut y bu iddo fynd yn ôl i fan cychwyn ei gamgymeriadau a gwneud iawn amdanyn nhw. Wedi iddo wneud hyn, roedd yn barod i fyw ei fywyd yn y ffordd iawn gyda'r Iesu yn Geidwad ac yn Waredwr iddo. O'r diwedd, roedd e wedi darganfod yr Iachawdwriaeth - yr union ateb i'w broblem. Cafodd ei achub a'i waredu rhag ei bechodau.

Mae'n rhaid i ninnau hefyd wneud iawn am ein camgymeriadau yn y gorffennol trwy gyfaddef ein pechodau wrth Dduw, gan ymddiheuro os ydym wedi gwneud cam â rhywun. Fedrwn ni fyth anwybyddu ein troseddau, yn y gobaith y byddan nhw'n cael eu hanghofio rywsut neu'i gilydd. Nid dyna ffordd Duw.

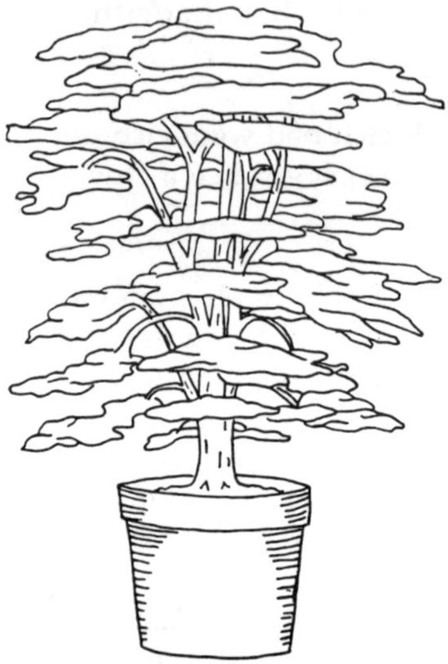

73. *Bonsai*

Cyfeiriadau Beiblaidd :	Effesiaid 3 : 17 ; Colosiaid 2 : 7 ; Salm 1 : 3
Y Neges :	Rhaid i 'wreiddiau' ein bywydau fod wedi eu plannu'n gadarn yn Iesu Grist
Cyfarpar Angenrheidiol :	Coeden 'bonsai' (neu ddarlun o un, os nad oes enghraifft ar gael)

Cychwynnwch trwy ofyn , 'Wyddoch chi .....?' gyda'r wybodaeth hon yn dilyn : Coeden o'r enw 'Y Gochwydden Anferth' ('The giant Redwood Tree') sy'n tyfu yn Unol Daleithiau'r Amerig a Chanada yw'r peth byw mwyaf yn y byd. Bydd yn tyfu i daldra o 112 metr - mor dal ag adeilad deg llawr ar hugain!

Dangoswch y bonsai, a gofynnwch a oes rhywun yn gwybod beth yw ei enw. Wyddoch chi pam bod y bonsai mor fychan, er ei fod ar ei lawn dwf ?

Esboniwch beth yw egwyddorion y dull rhyfeddol o dyfu coed bonsai. Dylai'r goeden, mewn gwirionedd, fod yn anferthol ei maint, ond oherwydd bod y gwreiddiau yn cael eu tocio'n barhaus, bydd y goeden yn tyfu ar ffurf fersiwn fechan.

Dywed y Beibl bod gan y sawl sy'n credu yn yr Arglwydd Iesu 'wreiddiau' bychain , fel petai. Mae'r 'gwreiddiau' hyn yn tyfu i lawr ac yn gwreiddio ynddo Ef. Os caiff ein 'gwreiddiau' eu tocio byth a hefyd, yna wnawn ni ddim tyfu fawr ddim. Fe aiff blynyddoedd heibio ac fe fyddwn ni'n dal ar fin dechrau tyfu, fel petai.

Gofynnwch am awgrymiadau sut y dylem ni annog ein 'gwreiddiau' i dyfu - e.e. : dal i gredu; gosod ein bywydau yng Nghrist ar waith; gweddïo; dysgu oddi wrth y Beibl; a chymdeithasu gyda Christnogion eraill. Pan fyddwn yn gwneud y pethau hyn, bydd ein 'gwreiddiau' yn tyfu yn y dirgel. Ym mhen amser fe dyfwn yn gewri ysbrydol fel y coed cochwydd !

74. *Aw !*

Cyfeiriad Beiblaidd : 1 Ioan 1 : 8 - 10

Y Neges : Mae cyfaddef ein pechodau ynbarhaus wrth Dduw yn hanfodol os ydym yn disgwyl derbyn maddeuant a chael ein glanhau

Cyfarpar Angenrheidiol : Map lleol; esgidiau heicio - gyda charreg oddi mewn i un esgid; ysgrepan (sach deithio); ffon gerdded

Wrth i chi gasglu'ch offer ynghyd, soniwch am heicio, gan gymryd arnoch mai dyma un o'ch hoff ddiddordebau awr hamdden. Rhowch ddisgrifiad dychmygol o'r antur sydd o'ch blaen. Gwisgwch eich esgidiau a'ch ysgrepan, dywedwch 'hwyl fawr' wrth y gynulleidfa ac esguswch fynd ar eich taith.

Cyn pen rhyw gam neu ddau, dylai'r garreg yn eich esgid ddechrau gwasgu'n boenus. Cwynwch yn uchel ac eisteddwch i lawr. Gwnewch ystumiau mawr wrth dynnu'r esgid oddi ar eich troed a'i throi wyneb i waered fel bod y garreg yn sythio allan ohoni.

Esboniwch bod bywyd y Cristion fel taith, gan bod angen iddo ddilyn yr Iesu bob dydd. Weithiau byddwn yn teithio'n hapus braf, yn mwynhau presenoldeb a bendithion Duw. O bryd i'w gilydd, serch hynny, bydd ambell beth yn codi'i ben fydd yn ein gwneud ni'n ymwybodol o'n natur bechadurus. Mae hyn yn union yr un fath â chael carreg yn ein hesgid. Gall eiddigedd a dymuniadau hunanol fod yn rhai o'r 'cerrig' hyn. Pa bethau eraill y gallwn ni eu disgrifio fel 'carreg '? Mae'n amhosib dal ati i gerdded â charreg yn ein hesgid. Mae hi'n hollol yr un peth pan fyddwn yn byw bywyd fel Cristion. Rhaid aros a chyffesu ein pechodau gerbron Duw. Dywed y Beibl wrthym, os byddwn yn gwneud hyn, yna bydd Duw yn maddau inni yn syth. Gallwn gerdded ymlaen wedyn, â'n calonnau yn llawn o'i gariad a'i ras tuag atom ni.

Fyddwn ni ddim yn unig yn derbyn maddeuant yr eiliad honno, ond mae Duw wedi addo y bydd yn gweithio'n dawel fach yn ein calonnau ac yn ein newid ni, er gwell, heb inni'n wir sylweddoli beth sy'n digwydd.

75. Dad

Cyfeiriad Beiblaidd : Rhufeiniaid 8 : 15 - 16

Y Neges : Trwy Iesu Grist, daw ein perthynas â Duw â ni mor agos ato nes ei fod Ef yn union fel 'tad' inni

Cyfarpar Angenrheidiol : Rhestr yn dangos y gair 'Dad' mewn cynifer o wahanol ieithoedd ag sy'n bosib. Dyma rai enghreifftiau :

Vati	-	Almaeneg
Tata	-	Pwyleg
Uba	-	Hausa (iaith o Nigeria)
Abuna	-	Arabeg
Baba	-	Tyrcïeg
Otosan	-	Siapanaeg
Baa-baa	-	Cantonaeg
Papa	-	Ffrangeg
Fa	-	Daneg

Pabbi	-	Islandeg
Papas	-	Groeg
Appa	-	Tamil (iaith o'r India)
Pittha	-	Nepali
Nana	-	Telugu (iaith o'r India)
Taata	-	Runyankore (iaith o Affrica)
Bapaa	-	Marathi (iaith o'r India)

Os oes rhywrai o'r plant yn siarad ieithoedd eraill, gofynnwch iddyn nhw gyflwyno'u hunain yn yr iaith honno. Cyhoeddwch eich bod yn mynd i ddysgu nifer o ieithoedd i'r gynulleidfa! Dangoswch eich rhestr eiriau.

Darllenwch y rhestr gyda'ch gilydd o'i dechrau i'w diwedd, gan geisio ynganu'r geiriau'n gywir. Gofynnwch i'r plant lleiaf a oes rhywun yn medru dyfalu ystyr y geiriau.

Chwiliwch am Rhufeiniaid 8 : 15 - 16. Gair Aramaeg yw 'Abba' yn golygu 'Dad' neu 'Dadi'. Defnyddiai'r Iesu y gair hwn pan fyddai'n siarad â'i Dad Nefol. Mae'r Ysbryd Glân oddi mewn i'r sawl sy'n perthyn i Iesu Grist yn dweud wrthyn nhw bod Duw yn 'Dad' iddyn nhw.

76. Fy Mrawd Mawr

Cyfeiriadau Beiblaidd : Mathew 12 : 46 - 50; Hebreaid 2 : 11

Y Neges : Mae dilynwyr yr Iesu yn 'frodyr' iddo Ef

Cyfarpar Angenrheidiol : Dim

Gofynnwch i'r gynulleidfa a oes teulu o bedwar yn bresennol (os oes oedolion yn bresennol, yn byddai mam a thri mab yn ddelfrydol). Gwahoddwch nhw i ddod i'r blaen. Ar y llaw arall, gellwch wahodd gwirfoddolwyr ymlaen i chwarae rhan aelodau o deulu bychan. Dewiswch un o'r teulu i chwarae rhan yr Iesu a gosodwch ef i sefyll o'r neilltu.

Mae un aelod o'r teulu wedi dod yn berson enwog iawn, fel y daeth yr Iesu. Dywedwch wrth aelodau'r teulu i fynd ati i ddisgrifio sut brofiad yw bod yn perthyn i rywun enwog. Gwnewch gais am wirfoddolwr i chwilio a darllen Mathew 12 : 46 - 50. Gofynnwch i'r teulu ddisgrifio sut byddai pob un ohonyn nhw'n teimlo pe baen nhw'n cael eu gwrthod fel yna. A fydden nhw wedi eu digio'n arw?

Pam y bu i'r Iesu ymateb fel hyn? Beth oedd E'n ei feddwl? Mae'n bosib nad oedd am i neb darfu arno tra roedd yn gwneud gwaith Duw. Defnyddiodd yr achlysur i ddangos bod ganddo feddwl mawr o'i ddilynwyr ac i egluro pa mor bwysig oedden nhw iddo Ef. Roedd pob un ohonyn nhw yng ngolwg yr Iesu, lawn mor bwysig, , â'i deulu personol Ef ei hun. Cyfeiriwch at Hebreaid 2 : 11.

Os ydym yn credu yn yr Arglwydd Iesu, mae Ef yn ein hystyried ni yn frodyr a chwiorydd Iddo!

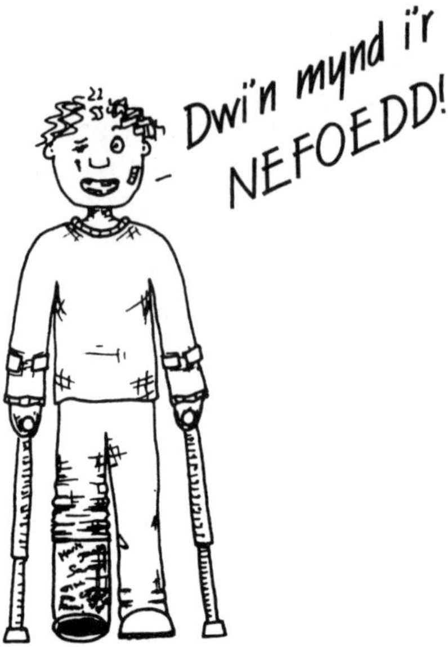

77. *Y Nefoedd, Dyma Fi'n Dod !*

Cyfeiriadau Beiblaidd : Luc 10 : 20 ; 1 Pedr 1 : 6

Y Neges : Nid yw ein hamgylchiadau presennol yn ddim i'w cymharu â'n hetifeddiaeth nefol

Cyfarpar Angenrheidiol: Pum carden fawr gyda'r geiriau canlynol wedi eu hysgrifennu arnynt:

1. Salwch
2. Ennill swm mawr o arian
3. Cael eich enw wedi ei gofnodi yn y Nefoedd
4. Syrthio oddi ar eich beic
5. Derbyn ateb i'ch gweddi

Gofynnwch a all unrhyw berson esbonio wrthych beth yw ' cwesiwn aml-ddewis '. (Pan fydd unigolyn yn cael ei wahodd i ddewis yr ateb cywir o blith sawl cynnig posib.) Yna ewch ati i gyflwyno'r cwestiwn aml-ddewis sy'n dilyn : ' Beth ddywedodd yr Iesu a Phedr yr apostol y dylem ni orfoleddu yn ei gylch ? '

Dangoswch y cardiau ateb, un ar y tro, heb gynnig unrhyw sylw wrth i chi eu harddangos. P'un yw'r ateb cywir? Dewch i gytundeb barn wrth drafod y dewisiadau.

Bydd y cyfeiriadau Beiblaidd yn cadarnhau pwy oedd yn gywir. Pan oedd y disgyblion yn cael modd i fyw ac amser cyffrous wrth iddyn nhw brofi nerth Duw yn gweithio trwyddyn nhw, dywedodd yr Iesu wrthyn nhw am beidio â gorfoleddu ynghylch hyn! Yn hytrach, dylent lawenhau meddai, oherwydd bod eu henwau wedi eu hysgrifennu yn y Nefoedd. Pan oedd amgylchiadau bywyd yn anodd i'r Cristnogion roedd Pedr yn llythyru â nhw, dywedodd wrthyn nhw am orfoleddu. Doedden nhw ddim i orfoleddu ynghylch y problemau, ond llawenhau yn hytrach oherwydd y bendithion di-rif yr oedd Duw wedi eu cadw ar eu cyfer yn y nefoedd.

Felly, os yw pethau'n dda neu'n ddrwg, gorfoleddwn! Fe ddaw dyddiau dedwydd ac fe ddaw dyddiau du, ond mae'r Cristion ar ei ffordd i'r Nefoedd!

78. Does Yr Un Yn Fwy Cyfartal Na'r Llall

Cyfeiriad Beiblaidd :	Mathew 20 : 1 - 15
Y Neges :	Neges Dameg y gweithwyr yn y winllan - Mae Duw yn hael ac yn trin pawb yr un fath
Cyfarpar Angenrheidiol :	Tiwb o Smarties

Dechreuwch trwy ofyn i'r plant a fyddan nhw'n hoff o chwarae 'Dewch inni gymryd arnom' neu 'Dewch inni esgus'. Esgus bod yn beth fyddan nhw? Sgwrsiwch â nhw ynghylch eu hoff gemau am ryw ychydig.

Fydd rhywrai ohonyn nhw'n esgus bod yn weision weithiau? Na, fyth mae'n siŵr. Cyhoeddwch eich bod yn mynd i chwarae gêm esgus nawr a rhowch amrywiaeth o dasgau i nifer o wirfoddolwyr i'w cwblhau ar eich rhan. (Esgus cwblhau, cofiwch !) Efallai y gallai rhai gymryd arnynt eu bod yn glanhau eich car. Gall eraill esgus coginio pryd o fwyd i chi. Tasgau posib eraill fyddai - taenu'ch gwely, tacluso eich silff lyfrau, smwddio eich dillad ac yn y blaen. Paratowch restr ymlaen llaw a fydd yn addas ar gyfer eich sefyllfa. I orffen, gofynnwch i'r gweddill esgus hongian eich cot ar fachyn. Dewch â'r gweithgareddau i ben, a chyhoeddwch ei bod hi'n bryd i bob un gael ei dalu am y gwaith a gyflawnwyd. Bydd pawb yn derbyn un Smartie.

Trafodwch yr hyn sydd wedi bod yn mynd ymlaen. Gofynnwch i'r plant a ydyn nhw o'r farn ei bod hi'n deg bod pawb yn derbyn yr un tâl.

Darllenwch neu adroddwch ddameg y gweithwyr yn y winllan, a welir yn Mathew 20 : 1 - 15. Byddwn yn derbyn o ddaioni Duw oherwydd Ei fod Ef yn hael, ac nid oherwydd ein bod o'r farn ein bod yn haeddu tâl.

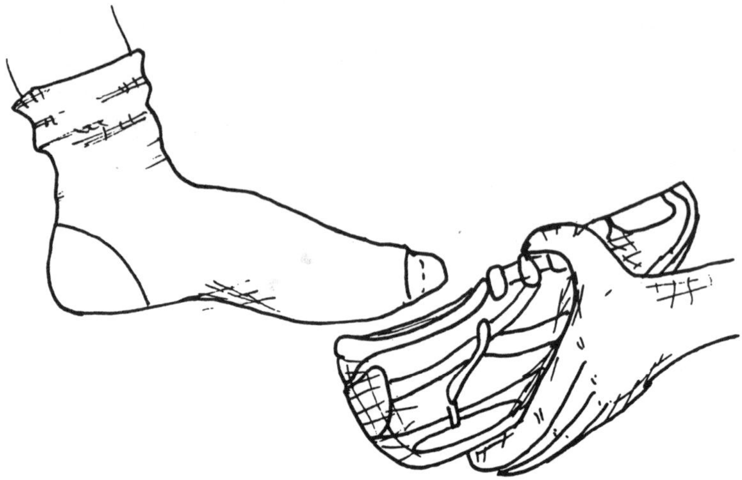

79. *Pawb Yn Weision a Neb yn Feistri*

Cyfeiriadau Beiblaidd : Luc 22 : 24 - 27 ; Ioan 13 : 1 - 17

Y Neges : Y Gwirionedd : dylai pob Cristion fod yn wâs gwylaidd i eraill

Cyfarpar Angenrheidiol : Dim

Galwch bob plentyn sy'n bresennol i'r blaen a rhannwch y cyfan yn ddau grwp cyfartal : plant hŷn a phlant iau.

Gofynnwch i'r plant iau dynnu eu hesgidiau oddi am eu traed, gan osod un esgid mewn un cornel yr ystafell, a'r esgid arall mewn cornel arall, ac yna dychwelyd i'w seddau. Gofynnwch i'r criw hŷn gasglu un pâr o esgidiau yr un, ac yna gwisgo'r pâr am draed y person cywir.

Wedi i'r plant gwblhau'r dasg, dywedwch : Yn amser yr Iesu, dim ond y gwas isaf ei safle fyddai'n gorfod gwneud ambell dasg ddinod. Wyddoch chi beth oedd un o'r mân dasgau hynny? Yr Ateb

: golchi traed pobl eraill. Dim ond y gweision fyddai'n cael gwneud hyn bob tro. Pam y bu i'r Iesu olchi traed Ei ddisgyblion cyn iddo farw ?

Mae'r Iesu am i bob un ohonom feddu ar galon gwas gan fynd ati i gyflawni tasgau'r gwas ar ran ein gilydd.

80. Mae Ychydig yn Gryn Dipyn

Cyfeiriadau Beiblaidd : Luc 21 : 1 - 4 ; 6 : 38

Y Neges : Mae Duw am inni fod yn rhoddwyr hael

Cyfarpar Angenrheidiol : Pedwar darn o gardfwrdd wedi eu torri ar siâp pwrs, gyda naill ai £1, 50c, £40 neu 2c wedi eu hysgrifennu arnynt; darn 10c, 2g, £1 a dau ddarn 1c; blwch casglu neu fasged offrwm

Dewiswch bedwar gwirfoddolwr i ddod i'r blaen. Rhowch bwrs cardfwrdd i bob un o'r pedwar, gan sicrhau bod pawb yn medru gweld y swm sydd ar flaen pob un - dyma faint o arian sydd yn y pwrs hwnnw. Dosbarthwch y 10c, 2g, £1 a'r ddau ddarn ceiniog yn ôl eu trefn. Gofynnwch i bob un o'r pedwar ddangos ei ddarn arian cyn ei ddodi yn y blwch casglu neu'r fasged offrwm a ddaw heibio.

Ar ôl i hyn ddigwydd, gofynnwch i'r plant eraill weithio allan p'un o'r gwirfoddolwyr gyfrannodd y mwyaf. Yr ateb, wrth gwrs, yw'r un gyflwynodd y gyfran fwyaf o'i eiddo, ac nid y sawl roddodd y darn arian sydd fwyaf ei werth.

Darllenwch neu adroddwch y stori yn Luc 21 : 1 - 4. P'un o'r gwirfoddolwyr sydd yn cynrychioli'r weddw? Yn marn yr Iesu, pwy gyfrannodd y mwyaf?

Gorffennwch trwy edrych ar Luc 6 : 38. Rydym ni'n medru fforddio bod yn hael, oherwydd bod Duw mor hael wrthym ni. Dyna i chi addewid ryfeddol i'r rhai sy'n rhoi!

81. Mwy Na Theimladau

Cyfeiriadau Beiblaidd : Iago 2 : 14 - 17 ; 2 Corinthiaid 1 : 3 - 4

Y Neges : Annog pobl i ymateb yn drugarog

Cyfarpar Angenrheidiol : Naw carden, gydag un llythyren o'r gair 'trugaredd' wedi ei hysgrifennu ar bob carden

Cymysgwch y cardiau a'u dosbarthu rhwng naw gwirfoddolwr. Gofynnwch iddynt ffurfio un gair cyflawn allan o'r llythrennau ac wedyn mynd i sefyll yn rhes syth yn y blaen er mwyn i bawb gael eu gweld. (Os mai grwp bychan sydd gennych, dosbarthwch y llythrennau rhwng holl aelodau'r grŵp.)

Unwaith y bydd y gair wedi ei osod ynghyd, gofynnwch beth yw ystyr 'trugaredd'. Annogwch y plant i drafod yr emosiynau sy'n mynd law yn llaw â'r teimlad o drueni dros rhywun. Gofynnwch i'r gynulleidfa ddisgrifio rhai sefyllfaoedd sy'n gwneud i rywun deimlo tosturi. Dywedwch, nad yw pitïo neu deimlo trueni yn ddigon.

Defnyddiwch un o'r sefyllfaoedd a grybwyllwyd gan y plant, neu unrhyw amgylchiad lleol sy'n wybyddus i bawb, a gofynnwch pa bethau ymarferol y gellid eu gwneud - e.e. : gweddïo; cyfrannu arian; cynnig help llaw; ysgrifennu llythyrau. Mae gwir drugaredd yn arwain at weithredu bob tro.

82. Unrhywbeth a Ofynnwch

Cyfeiriadau Beiblaidd :	Ioan 14 : 13 - 14; 15 : 16
Y Neges :	Mae Duw wedi addo ateb gweddïau a offrymir yn enw Iesu Grist
Cyfarpar Angenrheidiol :	Tryloyw uwch-daflunydd neu fwrdd du ac arno lun erwydd sy'n wag o gerddoriaeth - pum llinell gydag allwedd y trebl ar y cychwyn; recorder descant

Ewch ati i sôn am gyfansoddwyr enwog ym myd cerddoriaeth. Gofynnwch a oes unrhyw un yn bresennol sy'n medru cyfansoddi alaw syml. Gofynnwch i'r gwirfoddolwr fynd ati gan ddefnyddio'r erwydd sydd gennych.

Wrth i hyn ddigwydd, esboniwch bod angen i'r sawl sy'n dymuno cyfansoddi alaw wybod ychydig am gerddoriaeth cyn mynd ati. Does dim diben mewn ysgrifennu tomen o nodau gan obeithio y bydd y cyfan yn swnio'n iawn yn y pen draw. Pan fydd yr alaw wedi'i chwblhau, gofynnwch am wirfoddolwr arall i roi cynnig ar ei pherfformio ar y recorder.

Cyfeiriwch at Ioan 14 : 13 - 14 a Ioan 15 : 16. Dywed yr adnodau hyn wrthym y byddwn yn derbyn beth bynnag a geisiwn yn enw'r Iesu, os mai hynny yw ewyllys Duw inni. Yn union fel yr ysgrifenwyd yr alaw gan un person a'i pherfformio gan un arall, felly byddwn ni hefyd yn cyfansoddi'r gerddoriaeth (trwy ofyn i Dduw am bethau yn enw Iesu Grist) tra bydd Duw yn perfformio ein halawon personol (trwy ein hateb a rhoi yr hyn a ofynnwn amdano, yn ôl Ei ewyllys). Po fwyaf y byddwn ni'n ei ddysgu am gerddoriaeth, mwyaf o alawon yn y byd fyddwn ni'n eu cyfansoddi. Po fwyaf y byddwn ni'n tyfu yn y ffydd Gristnogol, mwyaf yn y byd fydd ein ffydd i ofyn am bethau oddi wrth Ein Tad.

83. *Llestri I'w Golchi - Gwych !*

Cyfeiriadau Beiblaidd : 1 Corinthiaid 10 : 31 ; Mathew 25 : 40 ; Colosiaid 3 : 17

Y Neges : Dylai pob peth a wnawn fod er gogoniant i Dduw

Cyfarpar Angenrheidiol : Llond powlen o ddŵr golchi llestri; cwpanau; menig rwber; ffedog; lliain sychu llestri; gorchudd i ddiogelu'r bwrdd os oes angen

Cariwch y bowlen a'i gosod yn ei lle. Gwisgwch y menig rwber a'r ffedog, rhowch ochenaid ddofn, dodwch y cwpanau yn y dŵr a dechreuwch olchi pob llestr yn ei dro.

Cwynwch yn uchel bod bywyd yn ddiflas iawn. Esguswch deimlo'n flin iawn drosoch eich hun. Dyma amlinelliad o'r hyn y gellwch ei ddweud wrth sgwrsio â chi eich hun: 'Dyma fi, yma eto yn golchi llestri'r capel . Dwi wedi bod yn golchi cwpanau - rhyw ddeg o'r hen bethau bob dydd ers deng mlynedd o leiaf. Gadewch i mi weld - ie 365 diwrnod mewn blwyddyn, lluosi gyda 10, lluosi gyda deg eto..... Dwi wedi golchi 36,500 o gwpanau yn ystod fy oes! Am newyddion digalon !'

Trefnwch ymlaen llaw bod rhywrai yn darllen y cyfeiriadau Beiblaidd ar goedd wrth i chi fynd ati i sychu'r cwpanau.

Codwch eich pen a gwrandewch yn ofalus. Dywedwch efallai y dylech chi feddwl am olchi cwpanau mewn rhyw ffordd arall - ffordd na feddylioch chi amdani o'r blaen.....Rydych chi wedi golchi 36,500 o gwpanau fel pe baech yn gwneud hynny dros yr Iesu!

Ewch ymlaen â'r sgwrs gyda llawer mwy o egni ac arddeliad. Wedi'r cyfan, mae golchi cwpanau yn waith pwysig ac arwyddocaol iawn.

Wrth i chi gario'r cwpanau a'r bowlen o ddŵr allan o'r ystafell, yn wên o glust i glust, rhestrwch nifer o dasgau eraill tebyg.

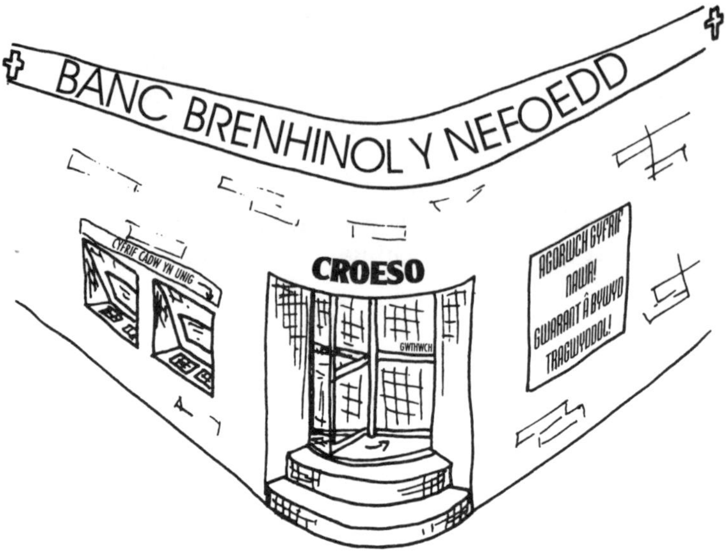

84. Graddau Llôg Ar I Fyny

Cyfeiriad Beiblaidd : Mathew 6 : 19 - 21

Y Neges : Dylem gasglu trysorau inni'n hunain yn y nefoedd, ac nid ar y ddaear

Cyfarpar Angenrheidiol : Taflenni mawr o bapur â'r geiriau 'Banc Brenhinol Y Nefoedd - Cyfrif Cadw' wedi eu hysgrifennu arnynt; stamp rwber (gellir ei hepgor); cyfeiriadau Beiblaidd ar gardiau post

Gofynnwch i'r plant enwi rhai o'r banciau sydd i'w gweld yn ein trefi. Beth yw cyfrif banc? Esboniwch sut y bydd arian yn cael ei ddodi mewn cyfrif, ei gadw a'i dynnu oddi yno.

Darllenwch y cyfeiriad Beiblaidd a welir yn Mathew 6 : 19 - 21. Sut byddwn ni'n mynd ati i gasglu 'trysorau ar y ddaear' ? Trwy ddodi mwy a mwy o arian yn ein cyfrif banc, neu trwy brynu ragor o eiddo. Fe ddylai pob un ohonom ddefnyddio'n harian law yn llaw â'n ffydd, gan beidio â'n sbwylio a'n maldodi ni ein hunain.

Sut byddwn ni'n casglu 'trysorau yn y Nefoedd'? Beth yw ystyr hyn? Beth sydd raid inni ei wneud? Dosbarthwch y cyfeiriadau Beiblaidd sy'n dilyn :

Ioan 3 : 16	(credwch)
Mathew 19 ; 29	(aberthwch)
Iago 1 : 12	(peidiwch rhoi'r gorau)
Mathew 5 : 11 - 12	(derbyniwch eich sarhau)
Mathew 10 ; 32	(siaradwch yn agored am Iesu)
Mathew 6 : 6	(gweddïwch pan fyddwch ar eich pen eich hun)
Hebreaid 6 : 10 ; Mathew 25 : 34 - 36	(dangoswch gariad tuag at eraill mewn ffyrdd ymarferol)

Ar ôl gwrando ar bob dyfyniad yn cael ei ddarllen, gofynnwch: 'Beth yw'r trysor y gallwn ni ei osod yn ein cyfrif cadw yn y Nefoedd ?' Dewiswch wirfoddolwr i ddod i'r blaen i lanw ffurflen 'dodi ar gadw ' ym Manc Brenhinol y Nefoedd. Cymrwch arnoch mai chi yw'r derbynnydd. Stampiwch neu arwyddwch y darn papur wrth iddo gael ei dalu i mewn.

Dywed yr Iesu wrthym bod cyfradd llog aruthrol o uchel ar ein trysorau sydd ar osod yn y nefoedd. Fyddan nhw fyth yn mynd yn hen nac ychwaith yn colli eu gwerth!

85. Saith Deg Seithwaith

Cyfeiriad Beiblaidd : Mathew 18 : 21 - 22

Y Neges : Mae maddau i eraill yn aruthrol bwysig

Cyfarpar Angenrheidiol : Pentwr o dryloywon ynghyd â sawl ysgrifbin ffelt wedi'u llanw ag inc hawdd ei ddileu

Gosodwch dryloyw glân ar yr uwch-daflunydd ac ewch ati i ysgrifennu'r gân y bwriadwch i bawb ei chanu ar y diwedd. Esboniwch nad ydych wedi cael amser i baratoi'n ddigonol ar gyfer eich sgwrs. Gwnewch gamgymeriadau bwriadol a blotiau di-rif, gan gychwyn unwaith eto gyda thryloyw arall, glân. Rhuthrwch wrth eich gwaith fel bod rhaid i chi daflu pump o dryloywon o'r neilltu ymhen fawr o dro.

Cwynwch yn ddig gan wneud sylwadau'n ddiamynedd wrth fwrw mlaen. Parhewch â'r ymarfer nes bod eich cynulleidfa yn dechrau colli amynedd. Gofynnwch i unigolyn ddarllen Mathew 18 : 21 - 22 wrth i chi roi cynnig arall arni. Daliwch ati i wneud cawl o bethau wrth i'r adnodau gael eu darllen, gan roi'r gorau i'r dasg wrth i'r darlleniad ddod i ben.

Oes rhywrai yn dechrau colli eu hamynedd oherwydd eich antics? Rydych chi'n dal heb orffen. Sawl gwaith ddywedodd yr Iesu y dylem ni faddau i'n gilydd?

Weithiau, byddwn ni i gyd braidd yn ddiamynedd tuag at ein gilydd. Ond gan bod Duw yn faddeugar iawn tuag atom mae hi ond yn iawn inni faddau i eraill, dro ar ôl tro. Does dim gwahaniaeth beth oedd maint y cam wnaethon nhw â ni - boed fawr neu fach, dywedodd yr Iesu ei bod hi'n ddyletswydd arnom i faddau pob bai. Gan ddefnyddio tryloyw a baratowyd gennych ymlaen llaw, gwahoddwch y gynulleidfa i gyd-ganu'r gân y buoch yn ceisio'i hysgrifennu allan yn gynharach.

86. *Byddwch yn Hael*

Cyfeiriadau Beiblaidd : Luc 8 : 1 - 3; Mathew 25 : 40; Actau 4 : 32

Y Neges : Mae Duw am inni fod yn hael gyda'n heiddo

Cyfarpar Angenrhwidiol : Rhestr o eitemau bach cyffredin sy'n debyg o fod ym meddiant y plant ar y pryd - e.e. darn 10c, hances boced, gwregys; Smarties neu losin tebyg yn wobrau (gellir eu hepgor)

Cychwynnwch trwy chwarae gêm gyda'ch rhestr eitemau, gan ofyn am i'r plant ddod â'r eitem a enwyd allan i'r blaen am y cyntaf. (Os ydych yn dymuno, rhowch wobr i'r buddugol bob tro.)

Ewch ymlaen i drafod eitemau mwy o faint, a welir efallai yng nghartrefi'r plant. Y tro hwn gofynnwch i'r plant godi eu dwylo os oes ganddynt y fath beth â .. e.e. gardd fawr, rhai teganau arbennig neu gyfrifiadur.

Cyfeiriwch at Luc 8 : 1 - 3 ac esboniwch y darn yn fyr. Ni chawn wybod ym mha ffordd y bu'r gwragedd hyn o gymorth i'r Iesu. Oes gan y plant unrhyw syniadau? (Darparu gwely a brecwast, efallai, golchi dillad neu baratoi bwyd ar gyfer gwahanol deithiau.) Mae'n siŵr bod rhai ohonyn nhw yn bobl ddigon cefnog a chyfoethog.

A yw hi'n bosib inni gyflwyno ein hadnoddau i'r Iesu heddiw, gan ei fod bellach wedi dychwelyd i'r Nefoedd? Gallwn wneud hyn trwy eu rhoi neu eu rhannu ag eraill. Pan wnawn ni hyn, rydym fel petaem yn eu rhoi i Iesu Grist ei hun.

87. Pwy Ddaw Gyntaf?

Cyfeiriad Beiblaidd :	Iago 2 : 1 - 9
Y Neges :	Ni ddylem ystyried bod rhai pobl yn bwysicach nag eraill
Cyfarpar Angenrheidiol :	Amlen ddrudfawr yr olwg wedi ei chau ac ynddi lythyr; llythyr arall mewn amlen frown fechan; drych a chrib yn eich poced

Dechreuwch eich sgwrs trwy dynnu'r llythyrau allan o'ch poced, gan gymryd arnoch nad ydych wedi cael amser i'w hagor. Mae un llythyr yn edrych yn hynod gyffrous ac felly rydych yn ffyddiog na fydd wahanieth gan y gynulleidfa os byddwch yn agor hwnnw yn y fan a'r lle.

Darllenwch y llythyr cyntaf gan ddangos eich bod wedi eich syfrdanu. Gwahoddiad gan y maer i dderbyniad dinesig yw cynnwys y llythyr. Mae'n gwahodd pawb a roddodd o'u gwasanaeth gwerthfawr i'r dref i ginio rhad ac am ddim er mwyn dangos ei werthfawrogiad iddynt. Dyna gyffrous! Chawsoch chi erioed eich anrhydeddu yn y fath fodd o'r blaen. Tynnwch y drych allan o'ch poced a chymrwch gip olwg arnoch chi eich hun. Tynnwch allan y grib gan fynd ati i dwtio'ch gwallt gyda rhyw olwg fawreddog ar eich wyneb.

Ewch yn eich blaen gan agor yr ail amlen yn ddidaro a di-hidio. Edrychwch yn anfodlon wrth i chi ddarllen ei gynnwys. Esboniwch bod cyn-gymydog i chi, nas gwelsoch ers blynyddoedd ac na fu'n un i gyd-dynnu â chi'n rhy dda, yn priodi, ac rydych chi wedi eich gwahodd i'r briodas. Gwasanaeth sifil cyffredin fydd y briodas gyda chwpanaid o de i ddilyn. Cawsoch wahoddiad i offrymu gweddi yn gofyn am fendith ar y pâr priod. Cwynwch yn hyglyw y bydd y daith i'r seremoni yn siwrnai o dros awr, fe fydd rhaid i chi brynu anrheg briodas ac at hyd fydd yno neb y byddwch chi'n ei adnabod. Edrychwch ar y dyddiad gydag arswyd. Mae'r briodas ar yr union adeg â derbyniad y maer!

Gofynnwch i'r plant i ba un o'r ddau ddigwyddiad y dylech chi fynd a pham? I ba un fyddai'r plant yn mynd a pham? Yn eu barn nhw, i ba un y byddai'r Iesu yn mynd a pham?

88. *Rydym Ni Ym Myddin Yr Arglwydd*

Cyfeiriadau Beiblaidd : Effesiaid 6 : 11 - 18; Datguddiad 19 : 11 - 16

Y Neges : Mae Cristnogion yn aelodau o fyddin ysbrydol sy'n ymladd yn erbyn drygioni

Cyfarpar Angenrheidiol : Milwyr wedi eu torri allan o bapur neu gardfwrdd gyda'r geiriau 'anghrediniaeth', 'celwyddau', 'anobaith', 'trais' a 'drygioni' wedi eu hysgrifennu arnynt

Os ydych yn annerch cynulleidfa mewn eglwys neu gapel, gofynnwch i unrhyw filwyr, cyn-filwyr, cadets, aelodau o'r Fyddin Diriogaethol neu ddarpar-filwyr yn eich plith ddod i'r blaen i gymryd rhan mewn 'dril'. (Os bydd aelodau o Frigâd y Bechgyn neu Frigâd y Merched yn bresennol, bydd hynny o fantais i chi !) Ar y llaw arall, gofynnwch am nifer o wirfoddolwyr a chyfarwyddwch y 'milwyr' newydd wrth iddyn nhw orymdeithio o gwmpas yr ystafell.

A yw'r plant yn sylweddoli bod Cristnogion yn cael eu 'conscriptio' - maen nhw dan orfodaeth filwrol i ymuno â byddin ysbrydol Iesu Grist? Mae'r Iesu a'i fyddin ar hyn o bryd yng nghanol brwydr fawr. Dosbarthwch y milwyr cardfwrdd rhwng y recriwtiaid ac ewch ati i ddisgrifio gelynion yr Arglwydd Iesu.

Pa arfau fedrwn ni eu defnyddio i drechu gelynion tebyg i'r rhai hyn? Beth fedrwn ni ei ddefnyddio i orchfygu anghrediniaeth neu anobaith? Dylem oresgyn y drwg gydag arfau ysbrydol.

Astudiwch yr adnodau a welir yn llythyr Paul at yr Effesiaid. Cysylltwch yr hyn a ddywed yr Apostol â'r milwyr cardfwrdd. Dewch â'r sgwrs i ben yn fuddugoliaethus. Mae'r Iesu wedi addo mai ni fydd y concwerwyr - y rhai sy'n trechu, ac nid yn bobl sy'n cael eu trechu. Does dim angen i neb sy'n credu ofni dim pan fo Iesu Grist yn Bencadfridog arno.

89. *Daliwch ati!*

Cyfeiriadau Beiblaidd : Mathew 25 : 1 - 13; Galatiaid 6 : 9

Y Neges : Mae dyfalbarhad ac amynedd yn hanfodol

Cyfarpar Angenrheidiol : Tegan bach clocwaith

Weindiwch y tegan a'i osod ar gerdded er mwyn i bawb ei weld. Pan fydd wedi dadweindio, codwch y tegan, rhowch dro arall i'r allwedd ac ail-adroddwch y broses. Dywedwch mor gyfareddol a diddorol yw teganau o'r fath. Soniwch bod ganddyn nhw un broblem fawr, ond peidiwch ag awgrymu dim beth y gall y broblem honno fod serch hynny.

Ochneidiwch, a dywedwch bod gan Gristnogion broblem ddigon tebyg.

Adroddodd yr Iesu ddameg ynghylch y broblem hon. Dywedwch stori'r deg morwyn briodas a welir yn Mathew 25 : 1 - 13.

Fe redodd pump o'r merched allan o stêm!

Mae ein natur ddynol yn mynnu bod pob dim yn digwydd 'mewn chwinciad' ac yn 'syth bin', a does neb ohonom yn hoffi bod yn amyneddgar! Dim ond am ychydig amser y bydd y tegan clocwaith yn cadw'i fynd. Fe gollodd y morynion hynny redodd allan o olew y cyfle i weld y priodfab. Cafodd y rhai hynny oedd yn barod i aros am amser hir eu gwobrwyo! Rhaid i'r sawl sy'n credu yn Iesu Grist ofyn i Dduw ddysgu iddo fod yn amyneddgar gan ofyn hefyd am nerth i ddal ati yn ei fywyd fel Cristion.

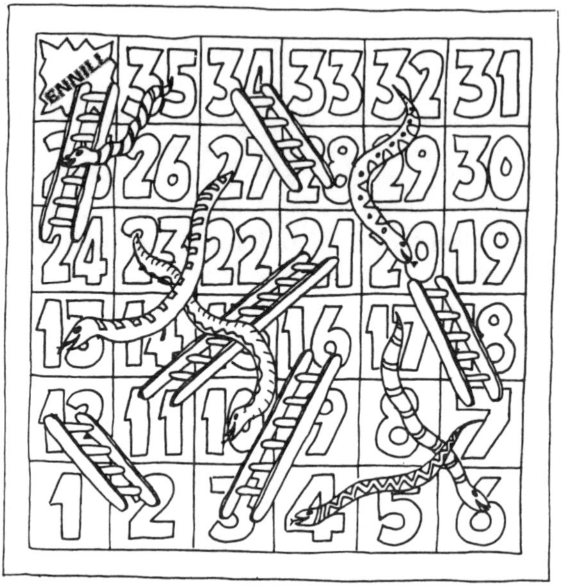

90. *'Snakes and Ladders'*

Cyfeiriadau Beiblaidd : Mathew 24 : 13; Actau 14 : 22

Y Neges : Mae dyfalbarhau yn wyneb trafferthion yn hanfodol

Cyfarpar Angenrheidiol : Y gêm *'Snakes ä Ladders'* wedi ei darlunio ar dryloyw uwch-daflunydd neu fwrdd du (neu fwrdd chwarae ar gyfer grŵp bychan - bydd gêm ar fwrdd 100 sgwâr yn cymryd mwy o amser!); ar gyfer y dis : chwe charden fechan wedi eu rhifo o un i chwech mewn bag; gellir tynnu un allan a'i dychwelyd yn syth; bydd dau fag yn hwyluso'r gêm os bydd y rhifau yn fawr; dau siâp gwahanol (marcwyr) i ddynodi hynt y ddau dïm

Rhannwch bawb yn ddau d~m yn barod ar gyfer gêm o *'Snakes ä Ladders'*.

Esboniwch sut y bydd y dis yn gweithio. Dewiswch ddau wirfoddolwr i symud y marcwyr ar y bwrdd, a gwirfoddolwr arall i gludo bag y dis rhwng y naill dïm a'r llall, yna ffwrdd â chi!

Dylai'r gêm symud yn eithaf cyflym os llwyddwch i gael y ddau dïm i ddewis eu rhifau, y naill ar ôl y llall yn sydyn. Bob hyn a hyn, yn enwedig pan fydd un t~m yn llithro i lawr ar hyd un o'r seirff, dywedwch rywbeth i'r perwyl : 'Pam na rown ni'r ffidil yn y to?' neu 'Beth am inni roi'r gorau iddi nawr?' Gobeithio mai ateb negyddol fydd y gynulleidfa yn ei gynnig!

Pan fydd un tïm wedi ennill y gêm, esboniwch sut y gall bywyd ymddangos fel gêm o 'Snakes and Ladders'. Byddwn yn dringo ac yn disgyn am yn ail fel pe baem ar reid y 'Rollercoaster' mewn ffair bleser. Pan aiff pethau o le mae'r siom yn gallu bod yn boenus iawn. Mae llithro ar hyd cefn sarff yn beth anghyfforddus iawn. OND y peth pwysig i'w gofio yw na ddylem ni roi'r gorau i'n bywyd yng Nghrist. Yn y gêm 'Snakes ä Ladders' pan fyddwn yn disgyn i lawr ar y neidr, byddwn yn dal i fynd yn ein blaenau gan basio, ymhen hir a hwyr, y man lle bu inni lithro y tro hwnnw. Mae'n bosib y bydd rhaid inni ddisgyn ar hyd cefn yr un sarff ddwywaith, ond yn y pen draw cawn fynd heibio iddi'n ddianaf. Yn yr un modd, pan ddaw methiant a siom i'n cyfarfod yn ein byw bob dydd, ac maen nhw'n siŵr o ddod, rhaid inni beidio rhoi'r gorau i'n ffydd yn Iesu Grist.

Wnaeth Iesu Grist erioed addo y byddai bywyd yn fêl i gyd. Ni ddywedodd yr Iesu erioed mai taith ar hyd llwybr gwastad, heb fynydd a dyffryn i'w goresgyn yw bywyd y Cristion. Dim o gwbl. Ond fe addawodd yr Iesu y byddai pawb sy'n cwblhau'r daith yn cael gwobr heb ei hail yn y Nefoedd! Daliwch ati i gredu yn Iesu'r Gwaredwr.

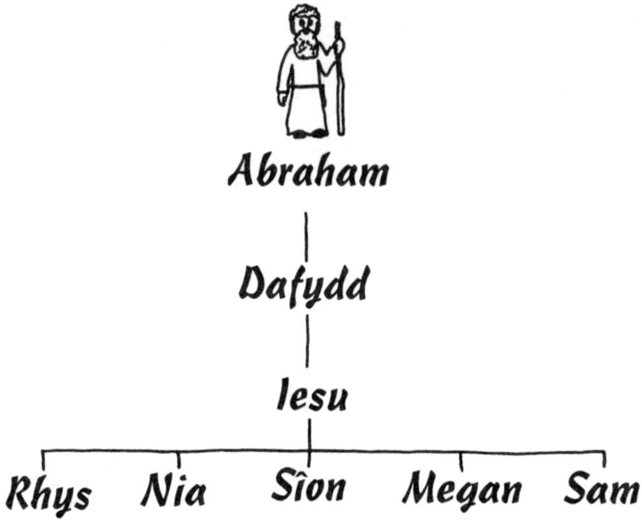

91. *Y Tadcu Mwyaf Ohonyn Nhw I Gyd*

Cyfeiriadau Beiblaidd :	Genesis 13 : 16; Rhufeiniaid 4 : 16; Galatiaid 3 : 7
Y Neges :	Trwy ffydd yn yr Arglwydd Iesu rydym yn ddisgynyddion Abraham
Cyfarpar Angenrheidiol :	Tryloyw ac uwch-daflunydd neu fwrdd du

Dechreuwch eich sgwrs trwy esbonio bod Duw, dros 4,000 o flynyddoedd yn ôl, wedi dewis dyn o'r enw Abraham a'i fod Ef wedi dweud wrtho y byddai ef, Abraham, yn dad i nifer di-rif o ddisgynyddion. Darllenwch Genesis 13 : 16.

Gofynnwch i'r plant beth yw coeden deulu. Gofynnwch i un neu ddau ohonyn nhw enwi eu tadau a'u teidiau a thynnwch lun coeden deulu fel enghraifft gyflym ar dryloyw'r uwch-daflunydd neu'r bwrdd du.

A yw'r plant yn gwybod pwy sydd yn perthyn i goeden deulu Abraham? Tynnwch lun o'r goeden deulu a ddarluniwyd uchod, neu paratowch gopi ohoni ymlaen llaw gan ddefnyddio enwau rhai o'r bobl fydd yn bresennol.

Mae pob un sydd yn credu yn yr Arglwydd Iesu yn un o ddisgynyddion Abraham! Cyfeiriwch at Galatiaid 3 : 7. Rydym yn perthyn iddo trwy Iesu Grist.

92. *Pawb i Newid !*

Cyfeiriadau Beiblaidd :	1 Corinthiaid 15 : 51 - 52; 1 Thesaloniaid 4 : 15 - 17 ; Ioan 11 : 25 : 5 : 28
Y Neges :	Pan ddychwel yr Iesu, fe fydd pob un o'r meirw sy'n credu yn atgyfodi, tra bydd y rhai sy'n fyw yn derbyn cyrff newydd
Cyfarpar Angenrheidiol :	Adenydd glöyn byw wedi eu torri allan o gardfwrdd ac wedi eu paentio a'u haddurno'n syml er mwyn i chi eu gwisgo - styffylwch neu gludwch strapiau cardfwrdd y tu mewn i'r adenydd er mwyn eu cadw yn eu lle ar eich garddyrnau neu eich breichiau; cangen ddeiliog wedi ei thorri o blanhigyn neu berth

Gwisgwch ddillad gwyrdd neu frown, a phan fyddwch yn barod i gychwyn y sgwrs, gosodwch gapan gwlân gwyrdd neu frown, os yn bosib, am eich pen. Bwriedir i chi edrych fel lindysyn neu Siani Flewog! Sicrhewch bod yr adenydd wrth law ond eu bod wedi eu cuddio o'r golwg.

Esguswch gnoi'r dail a thynnwch sylw at y ffaith eich bod yn lindysyn tew a dychrynllyd o salw. Mae'n anodd credu, ond cyn pen dim fe fyddwch yn troi'n greadur godidog.

Sut yn y byd y gall lindysyn newid yn l[yn byw neu bili-pala gan nad oes dim byd yn debyg ynddyn nhw? Beth yw rhai o'r gwahaniaethau rhwng Siani Flewog a glöyn byw?

Wrth i chi siarad â chi eich hun, ewch ati i sôn bod modd i ni gymharu Cristnogion a lindys. Dywed y Beibl y caiff Cristnogion eu newid 'mewn eiliad, ar drawiad amrant' ac wedyn fe fyddan nhw'n darganfod bod ganddyn nhw gyrff gwahanol. Efallai'n wir y bydd y Cristion yn medru hedfan hyd yn oed, wrth iddo gael ei godi i'r awyr i gyfarfod â'r Iesu! Mae'r peth yn swnio'n amhosib - ond a yw'n fwy amhosib na phan fydd lindysyn yn newid yn löyn byw?

I orffen, gofynnwch i bawb gau eu llygaid. Os oes utganwr ar gael, gallai ef neu hi seinio ffanffer ar ei offeryn. Tra bo hyn yn digwydd, gwisgwch eich adenydd gan godi'ch breichiau wrth i chi droi eich cefn ar y gynulleidfa. Sicrhewch bod pawb yn medru gweld yr adenydd. Mae'r trawsnewid wedi digwydd. Mae'r lindysyn wedi newid yn löyn byw hardd!

Fe ddaw ein hawr fawr ninnau hefyd. Caiff pob un ohonom sy'n credu yn yr Arglwydd Iesu ein trawsnewid!

RHAN 8

Achlysuron Arbennig

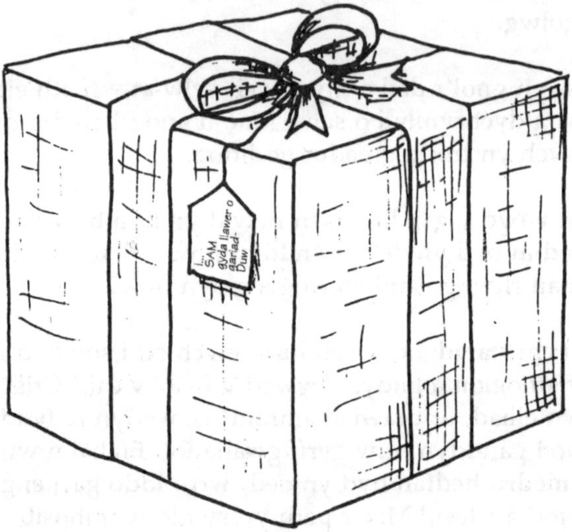

93. *Yr Union Beth Oedd Ei Angen Arna' i (Nadolig)*

Cyfeiriad Beiblaidd : Mathew 1 : 21, 23

Y Neges : Anrheg ddelfrydol gan Dduw i ddynoliaeth yw'r Iesu

Cyfarpar Angenrheidiol: Parsel Nadolig neu anrheg gyda label â'r geiriau 'I .....' (defnyddiwch eich enw personol) ac 'Oddi wrth Dduw' arno; gosodwch ddarn o bapur â'r enw 'Iesu Grist' wedi ei ysgrifennu arno y tu mewn i'r bocs

Cychwynnwch eich sgwrs trwy ofyn pwy sy'n edrych ymlaen at y Nadolig, a pha anrhegion y mae'r plant yn eu disgwyl neu wedi'u derbyn eisoes. Soniwch am eich anrhegion personol chi gyda thinc o siom yn eich llais. Cwynwch bod eich 'stafell'molchi yn llawn o sebonach nad oes mo'u hangen arnoch a bod pentwr mawr o hosanau diangen yn eich 'stafell wely. Gall anrhegion edrych yn bethau cyffrous iawn ond weithiau wrth eu hagor bydd y cyffro yn troi'n siom enbyd.

Trefnwch ymlaen llaw bod rhywun yn estyn i chi yr anrheg a baratowyd rhagblaen. Darllenwch y label gan sylwi bod y geiriau 'Oddi wrth Dduw' ar ei waelod. Os oes unrhyw un am roi i chi yr union beth sydd arnoch ei angen, wel Duw fyddai hwnnw, gan Ei fod yn eich adnabod yn well na neb. Mae'n siŵr bod y rhodd hon yn rhywbeth gwirioneddol arbennig. Wrth i chi agor y parsel ceisiwch greu awyrgylch o ddisgwyl eiddgar.

Edrychwch i berfedd y bocs, estynnwch eich llaw i mewn iddo a thynnwch allan y darn papur. Darllenwch y geiriau 'Iesu Grist' yn araf a phwyllog. Edrychwch wrth eich bodd a dywedwch eiriau tebyg i : 'Yr Iesu, yn arbennig ar fy nghyfer i!'

Esboniwch bod nifer fawr o bobl yn meddwl nad yw Iesu Grist yn rhoi rhyw ias o foddhad a chynnwrf iddyn nhw, ond Ef yw'r anrheg orau posib y gall unrhyw berson ei chael. Mae dau reswm dros hyn :

Yn gyntaf, beth sydd gan Mathew 1 : 21 i'w ddweud am yr Iesu? - 'Ef a wareda ei bobl oddi wrth eu pechodau.' Yn fwy na dim arall, mae ar bob un ohonom angen rhywun i'n hachub oddi wrth ein pechodau. Yn ail, beth sydd gan Mathew 1 : 23 i'w ddweud am yr Iesu? - 'Gelwir ef Immanuel, hynny yw o'i gyfieithu, "Y mae Duw gyda ni" '. Yn fwy na dim arall, mae ar bob un ohonom angen i Dduw fod gyda ni drwy gydol yr amser. Iesu Grist yw'r anrheg 'berffaith ', y rhodd ddelfrydol i bob un dyn byw. Bydd y ddau angen pennaf sydd gennym oll - yr angen am dderbyn maddeuant gan Dduw a chael bod gydag Ef am byth - yn cael eu diwallu yn Iesu Grist.

94. *Dyma Fe'n Dod! (Sul y Palmwydd)*

Cyfeiriad Beiblaidd : Mathew 21 : 1 - 11

Y Neges : Cyfleu rhywfaint o gyffro Sul y Palmwydd

Cyfarpar Angenrheidiol : Plisgyn cneuen goco mewn dau hanner neu gwpanau plastig fydd yn swnio'n debyg i garnau asyn; ffon fesur bren i daro cefn cadair; papur i greu sŵn siffrwd; cardiau awtociw (gweler isod); meicroffôn i chwyddo sŵn y carnau (gellir ei hepgor)

Dechreuwch trwy adrodd hanes Sul y Palmwydd mewn ffordd mor gyffrous ag sy'n bosib, gan wneud sylwadau ynglŷn â pha mor swnllyd oedd y digwyddiad mae'n siŵr. Gofynnwch i'r plant nodi rhai o'r amrywiol seiniau a oedd i'w clywed wrth i'r Iesu farchogaeth i mewn i Jerwsalem.

Awgrymwch y dylai pob un ohonoch fynd ati i lunio 'cynhyrchiad clywedol ', gan ail-greu y seiniau oedd i'w clywed ar y Sul Palmwydd cyntaf hwnnw.

Rhowch ddau hanner plisgyn y gneuen goco i un gwirfoddolwr ar gyfer cynhyrchu sŵn 'clip-clop' yr asyn. Gall un neu ddau arall daro cefn cadair gyda ffyn mesur pren i gynrychioli sŵn canghennau yn cael eu rhwygo oddi ar y coed. Gall gwirfoddolwyr eraill ysgwyd dalennau o bapur i gyfleu sŵn canghennau yn cael eu chwifio. Gofynnwch i bawb lusgo'u traed i ddynodi sŵn y dyrfa'n dynesu pan roddir yr awtociw arbennig hwn. Gofynnwch i'r gweddill weiddi 'Hosanna i Fab Dafydd', 'Bendigedig yw yr Un sy'n dod yn enw'r Arglwydd', a 'Hosanna yn y goruchaf', yn unol â'r awtociw a ddewisir. I orffen, dewiswch unigolyn i weiddi'r cwestiwn : 'Pwy yw hwn?' Dylai pawb floeddio'r ateb 'Dyma Iesu, y proffwyd o Nasareth yng Ngalilea.'

Wedi dosbarthu pob rhan, bydd angen i'r arweinydd lywio'r cynhyrchiad trwy bwyntio at y gwahanol wirfoddolwyr yn eu tro, gan gychwyn gyda'r clip-clop. Defnyddiwch y gwahanol awtociwiau er mwyn cynnwys y bloeddiadau bob yn hyn a hyn.

Gellir canu cytgan neu emyn addas ar gyfer Sul y Palmwydd er mwyn dod â'r gweithgareddau i ben.

95. *Pris Caethwas (Gwener y Groglith)*

Cyfeiriadau Beiblaidd :	Exodus 21 : 32; Mathew 26 : 14 - 16
Y Neges :	Cafodd yr Iesu ei fradychu a'i gyfnewid am ddeg darn ar hugain o arian, sef pris caethwas
Cyfarpar Angenrheidiol :	Nifer bychan o eitemau amrywiol eu gwerth - e.e. darlun, ychydig dlysau, tegan poblogaidd gan blant

Gofynnwch i'r plant awgrymu faint yw gwerth pob un o'r eitemau. Dewch i gytundeb ynglŷn â phris pob un.

Galwch ŵr ifanc i'r blaen. Esboniwch wrth y gynulleidfa beth yw egwyddorion caethwasiaeth. Yn eu tŷb nhw, faint fyddai gwerth caethwas ifanc tebyg i'r llanc hwn? Ceisiwch gael pawb i feddwl faint fyddai'r gost o fwydo'r caethwas a faint o waith a wnâi. Cyfeiriwch at Exodus 21 : 32. Mae'r adnod yn esbonio bod caethwas yn cael ei werthu am ddeg darn ar hugain o arian. Roedd hyn yn gyfystyr â mis o gyflog ar gyfartaledd.

Cafodd rhywun enwog iawn ei werthu am y swm hwnnw. Pwy oedd e?

Yr ateb wrth gwrs yw Iesu (gweler Mathew 26 : 14 - 16). Gwerthu Mab Duw am bris caethwas - sut felly? pam? Cymerodd yr Arglwydd Iesu 'r safle isaf posib yn ein cymdeithas pan roddodd Ei fywyd yn aberth dros bob un ohonom ni.

96. *Efe yn Wir a Atgyfododd (Sul y Pasg)*

Cyfeiriadau Beiblaidd : Luc 24 ; Ioan 20

Y Neges : Atgyfodwyd corff yr Iesu o farw

Cyfarpar Angenrheidiol : Dau arwydd mawr, y naill yn arddangos y gair 'posib' a'r llall y gair 'amhosib'

Y bwriad yw i chi holi nifer o gwestiynau sy'n galw am y gair 'amhosib' neu 'posib' yn ateb. Dangoswch y ddau arwydd a dewiswch ddau wirfoddolwr i fod yn gyfrifol am arddangos y naill neu'r llall, yn ôl ateb y gynulleidfa. Paratowch eich rhestr cwestiynau ymlaen llaw. Dyma rai enghreifftiau :

> A yw'n bosib i bysgodyn fyw allan o'r dŵr ?
> A yw'n bosib i berson fynd yn iau yn hytrach na mynd yn hŷn?
> A yw'n bosib i berson ennill miliwn o bunnoedd pan fydd ganddo ond punt i gychwyn ?

A yw'n bosib i berson droi ei ben drwy gylchdro 360 gradd?

Mae'n bosib y carech ymchwilio yn y Guiness Book of Records am straeon anghredadwy ond sy'n straeon gwir, serch hynny.

Dyma'ch cwestiwn olaf un : A yw'n bosib i berson marw ddod yn fyw unwaith eto ?

Cyflawnodd Duw yr amhosib pan atgyfododd Ef Ei Fab, Iesu Grist o farwolaeth.

Gofynnwch i'r sawl sy'n credu hyn godi eu dwylo.

Galwch ar y gynulleidfa i weiddi gyda'i gilydd : 'Atgyfododd Crist! Haleliwia !'

97. *Dyma i Chi Amseru Rhagorol! (Diolchgarwch am y Cynhaeaf)*

Cyfeiriadau Beiblaidd :	Salm 104; Genesis 1 : 12 ; 8 : 22
Y Neges :	Creodd Duw fyd y planhigion gyda manylder a medrusrwydd rhyfeddol
Cyfarpar Angenrheidiol :	Afal; cloc; carden fawr gyda'r gair 'ffotogyfnodedd' wedi ei ysgrifennu arni

Daliwch yr afal yn eich llaw a gofynnwch a oes gan unrhyw un yn y gynulleidfa goeden afalau yn ei ardd. Oes un o'r plant yn gwybod pryd y bydd y goeden hon yn ei blodau?

Mae'n bwysig iawn bod yn goeden yn blodeuo yn y gwanwyn pan fydd pryfed ar gael i'w pheillio fel bod y ffrwyth yn medru tyfu yn ystod misoedd cynnes yr haf. Sut felly bydd y coed o'n hamgylch yn gwybod bod y gwanwyn wedi cyrraedd? Fyddan nhw fyth yn gwneud camgymeriad. Mae Duw wedi rhoi cloc personol y tu mewn i bob un ohonyn nhw! Nid y math o gloc y byddwn ni'n meddwl amdano - ond rhywbeth sy'n debycach i raglen gyfrifiadurol feicrosgopig .

Wyddoch chi bod y goeden yn medru synhwyro golau dydd - dyna i chi ryfeddod! Bydd yn cyfrif yr oriau o oleuni a gawn, ac mae'r ateb yn gywir i'r funud bob tro! Pan fydd nifer yr oriau golau dydd mewn diwrnod yn gywir o ran hyd, bydd genynnau bitw fach eu maint yn anfon neges i'r goeden ac yn dweud wrthi am ddechrau blodeuo. Mae'r enw am y ddawn hon sydd gan blanhigion i ymateb i oriau goleuni yn air hir iawn. Dangoswch y gair i'r plant. Tybed a oes rhywun yn medru ei ddarllen a'i ynganu'n gywir? Gofynnwch i'r gynulleidfa adrodd y gair gyda chi, nifer o weithiau am hwyl.

Beth fyddai'n digwydd pe na bai ffotogyfnodedd yn bod? Fyddai yna ddim cynhaeaf, mae hynny'n sicr! Darllenwch Genesis 8: 22. Duw sy'n penderfynu hyd y tymhorau ac fe wnaeth y Crëwr yn siŵr bod y planhigion yn ufuddhau i'w orchmynion! Rhoddodd gloc o'u mewn! Dyna draed moch fyddai hi arnom pe bai'r tymhorau yn mynd dros ben llestri. Heb wanwyn fyddai yna ddim cynhaeaf. Onid yw Duw yn athrylith!

98. *Siarad Babi (Gwasanaeth Cysegru neu Fedyddlo Plentyn)*

Cyfeiriad Beiblaidd: Salm 8 : 2

Y Neges: Mae babi newydd ei eni yn arddangos mawredd Duw

Cyfarpar Angenrheidiol : Dim

Wyddoch chi bod babanod newydd eu geni yn medru cyflwyno neges! Sut y gall hynny fod, meddech chi gan nad ydyn nhw'n gwybod sut i siarad eto ? Pa sŵn fydd babi newydd yn ei wneud fel arfer? Ie, crïo neu lefain! Beth fydd y babi yn ei ddweud wrthym pan fydd yn crïo? 'Dwi eisie Mam,' neu 'Dwi mo'yn bwyd.'

Dywed y Beibl wrthym ni bod crïo pob babi yn cynnwys neges arall; neges wahanol iawn. Edrychwch ar Salm 8 : 2. Moliant i Dduw yw'r sŵn yma! Dyna i chi beth rhyfedd! Fedrwch chi ddeall hynny? Mae'r ffaith bod babi yn medru cadw sŵn a chrio yn dangos ei fod yn fyw. Mae pob bywyd newydd yn wyrth ryfeddol o greadigaeth a gwaith llaw Duw. Felly mae cri pob baban newydd ei eni yn cyhoeddi mawredd Duw!

99. *All Duw Anghofio Amdanom Ni? (Sul y Mamau)*

Cyfeiriad Beiblaidd: Eseia 49:14 - 16

Y Neges: Mae Duw yn caru Ei bobl yn fwy nag y bydd mamau yn caru eu plant

Cyfarpar Angenrheidiol: Dim

Os ydych yn cyflwyno'r sgwrs hon mewn eglwys neu gapel, dewiswch rai mamau o blith y gynulleidfa, neu gofynnwch am wirfoddolwyr. Rhowch gyfweliad i bob un yn ei thro, gan holi cwestiynau tebyg i'r canlynol:

> Sawl plentyn sy' gennych chi?
> Fyddwch chi'n meddwl am y plant drwy gydol yr amser?
> Fedrwch chi ddychmygu y gallech chi anghofio am eich plant?
> Os rhyw hoff atgof gennych chi?

Ydych chi'n caru eich wyrion a'ch wyresau fel pe baen nhw'n blant i chi?

Sut mae bod yn fam wedi newid eich bywyd?

Sut fyddwch chi'n teimlo pan fydd eich plentyn yn camymddwyn?

Darllenwch y cyfeiriad Beiblaidd a chymharwch gariad Duw gyda chariad y mamau hyn tuag at eu plant.

100. Ein Tad (Sul y Tadau)

Cyfeiriad Beiblaidd : Rhufeiniaid 8:15 - 16

Y Neges: Bydd Duw yn dod yn Dad inn pan roddwn ein ffydd yn Ei Fab, Iesu Grist; fe wyddom hyn trwy gymorth yr Ysbryd Glân fydd yn dod i fyw ynom.

Cyfarpar Angenrheidiol: Dim

Os byddwch yn cyflwyno'r anerchiad mewn capel neu eglwys, gofynnwch i dadau'r plant sy'n bresennol ddod i'r blaen. Nhw fydd eich cymorth gweledol! Gosodwch nhw i sefyll mewn rhes yn wynebu'r gynulleidfa.

Yna gofynnwch i'r plant hynny sydd â'u tadau yn y blaen ymbaratoi. Trefnwch y plant mewn rhes a gofynnwch iddyn nhw gerdded heibio'u tadau, gan sefyll yn stond pan ddaw pob un at ei dad / ei thad.

Bydd tadau fel arfer yn ymestyn eu breichiau, neu'n croesawu'r plentyn yn serchus wrth gyfarfod. Gwnewch nifer o sylwadau am y cariad hwn sy'n cael ei arddangos.

Gyda phob un yn dal yn ei le priodol, defnyddiwch y cyfeiriad Beiblaidd i esbonio sut y daw Duw yn Dad Nefol inni pan fyddwn yn dod i gredu yn yr Arglwydd Iesu. Mae'r gair 'Abba' yn air annwyl a chariadus amdano Ef, ac yn ddigon tebyg i 'Dad 'neu 'Dadi'. Does gan bob un ohonom efallai ddim tad daearol. Ond gall pob un ohonom gael Duw - y tad gorau posib - yn Dad Nefol, dim ond inni roi ein ffydd yn Iesu Grist.

Mynegai i'r Ysgrythur